# L'INFAILLIBILITÉ DU PEUPLE CHRÉTIEN

## « IN CREDENDO »

*BIBLIOTHECA EPHEMERIDUM THEOLOGICARUM LOVANIENSIUM*

VOL. XXI

———

GUSTAVE THILS

# L'INFAILLIBILITÉ
# DU PEUPLE CHRÉTIEN
# « IN CREDENDO »

## NOTES DE THÉOLOGIE POSTTRIDENTINE

DESCLÉE DE BROUWER
76ᵇⁱˢ, RUE DES SAINTS-PÈRES
PARIS (7ᵉ)

E. WARNY
2, RUE VÉSALE
LOUVAIN

IMPRIMATUR

Mechliniae, die 1 Octobris 1963
P. Theeuws,
vic. gen.

# INTRODUCTION

La définition dogmatique du magistère infaillible du Pontife Romain lorsqu'il parle *ex cathedra* a marqué à ce point le Concile du Vatican I, les débats qu'il a fait surgir, l'orientation qu'il a donnée à l'ecclésiologie, que certains en ont perdu de vue les autres travaux qui ont occupé les Pères durant plusieurs mois. Le Concile du Vatican II va bientôt, sinon définir, du moins porter une déclaration solennelle sur les prérogatives de l'épiscopat, et le moins qu'on puisse en attendre, en matière d'infaillibilité, est la reprise de la définition de 1870 : « Fide divina et catholica ea omnia credenda sunt, quae in verbo Dei scripto vel tradito continentur et ab Ecclesia, sive solemni iudicio sive ordinario et universali magisterio tamquam divinitus revelata credenda proponuntur » [1]. En d'autres termes, l'Eglise enseignante - à savoir, ici, le corps épiscopal uni à l'évêque de Rome, son chef - lorsqu'il s'engage au maximum de son autorité magistérielle, jouit de la protection de l'Esprit Saint qui rend ce jugement infaillible. Cette prérogative concerne les évêques, soit réunis en concile, soit dispersés dans leurs diocèses : universali magisterio.

Ces déclarations solennelles concernant le magistère de l'Eglise

---

[1] Cfr *Denz.* 1792. Les théologiens ont eu l'attention tellement attirée par les éléments ecclésiologiques de la constitution *Pastor Aeternus*, qu'ils en ont un peu perdu de vue ceux qui ont été définis dans la constitution *Dei Filius*. Il s'agit bien d'éléments « ecclésiologiques », et plus formellement, d'éléments relatifs aux prérogatives du corps épiscopal comme tel, et en tant que distinctes de celles qui concernent le Pontife Romain, et dont les Pères du concile du Vatican I avaient décidé de réserver la formulation à une autre constitution, celle qui devait s'appeler *Pastor Aeternus*. Sur la portée de ce passage de la constitution *Dei Filius*, on peut lire M. CAUDRON, *Magistère ordinaire et infaillibilité pontificale d'après la Constitution Dei Filius*, dans *Ephem. Theol. Lovan.*, t. XXXVI (1960), p. 393-431.

ne doivent pas faire perdre de vue un autre aspect de la doctrine catholique de l'infaillibilité, à savoir celle que la théologie de l'époque posttridentine notamment appelle *infallibilitas fidelium in credendo*. Cette doctrine n'a pas été niée au Concile du Vatican I. Au contraire. Elle est supposée connue, rappelée à l'occasion, quoique jamais examinée en elle-même [1]). La théologie postérieure à 1870 l'a laissée dans l'ombre, généralement. Ce phénomène d'obscurcissement n'est pas inconnu en théologie. Monseigneur P. Parente le notait récemment, et pour l'ensemble de l'ecclésiologie : « On court le danger de considérer l'Eglise comme une « Cité » à l'instar d'une société humaine, alors qu'il n'y a entre l'une et l'autre qu'une analogie. Ce danger n'a pas été toujours évité après le concile de Trente par les théologiens qui, ayant presque oublié la doctrine du Corps mystique, ont élaboré le traité de l'Eglise dans un style juridique plutôt que théologique » [2]). Les déclarations du concile du Vatican II sur le magistère infaillible du corps épiscopal faisant suite à la définition de l'infaillibilité pontificale du concile du Vatican I, il ne faudrait pas que la théologie des années à venir perde de vue l'*infallibilitas fidelium in credendo*. L'équilibre de l'ecclésiologie le demande ; l'équité doctrinale le requiert.

Mais de quoi s'agit-il ? Une rapide incursion dans la théologie de la période posttridentine peut aider à comprendre la nature et la portée de cette *infallibilitas in credendo* et, ainsi, éclairer ceux qui désirent élaborer un chapitre *de infallibilitate* qui ne soit pas appauvri, voire gauchi, du fait qu'ils ne tiennent compte, en théologie, que des déclarations solennelles de l'Eglise, au lieu de rester fidèle à l'ensemble de la pensée catholique traditionnelle.

Il n'entre pas dans notre intention d'écrire une histoire com-

---

[1]) Cfr G. THILS, *L'infaillibilité de l'Eglise in credendo et in docendo*, dans *Salesianum*, t. XXIV (1962), p. 298-336, ainsi que *L'infaillibilité de l'Eglise dans la constitution « Pastor aeternus »* du Ier Concile du Vatican, dans *L'infaillibilité de l'Eglise* (Collection Irénikon), Chevetogne, 1963, p. 147-182.

[2]) *Theologia Fundamentalis. Apologetica. De Ecclesia*⁴. Marietti, 1958, p. 208.

plète de cette doctrine. Tout au plus pourrait-on parler d'un échantillonnage. Nous essayerons de le rendre valable, en interrogeant un groupe de témoins vraiment représentatifs de leur temps. Nous les choisirons à l'époque posttridentine, et donc à une période où les théologiens, en réaction contre la doctrine réformée du sacerdoce des fidèles, auraient plutôt tendance à éviter tout ce qui pourrait mettre les fidèles trop en relief par rapport à la hiérarchie ecclésiastique. Ces notes, telles qu'elles sont, pourront stimuler la réflexion des théologiens et les préserver de certains oublis. Il ne faut pas demander plus à cet opuscule de dimensions modestes, et de propos ainsi limité.

# CHAPITRE PREMIER

## LE SIÈCLE DE LA RÉFORME

Des grands noms qui foisonnent à cette époque, nous en avons choisi quatre, dont l'importance, quoique diverse, est considérable à maints égards : le dominicain Melchior Cano et les jésuites saint Robert Bellarmin, Grégoire de Valencia et François Suarez.

### § 1. Melchior Cano et son " De Locis Theologicis "

Né à Taracón, en Nouvelle-Castille, en 1509, Melchior Cano est connu dans l'histoire par son œuvre de polémiste et par son « De Locis Theologicis » inachevé au moment où, au terme d'une fin de vie assez agitée, il mourut en 1560. Sur cet ouvrage, qui n'est pas un résumé de foi chrétienne, à l'instar des nombreux *Loci communes* catholiques ou protestants de l'époque, mais une sorte de « topique théologique » élaborée selon le type des « lieux dialectiques » proposés par les humanistes, Melchior Cano s'explique comme suit, au Livre I, chapitre 1 [1]). Je compte traiter de ce sujet en quatorze Livres. Le premier contient l'énumération des différents *loci*, « desquels le théologien peut tirer les arguments adéquats », soit pour prouver ses conclusions, soit pour réfuter celles de ses adversaires. Les dix livres suivants exposeront de façon plus étendue et plus précise « la force probante de chacun de ces lieux, à savoir, où l'on peut trouver des arguments certains, ou seulement probables ». Enfin, les livres treizième et quatorzième

---

[1]) Les citations qui suivent sont reprises à ce L. I, C. 1.. Les *Loci Theologici* ont été maintes fois édités. Cfr les articles de A. LANG, *Cano M.*, dans *Lex. Theol. Kirche*, II, 918 et *Loci Theologici*, dans *Lex. Theol. Kirche*, VI, 1110-1112. Nous suivrons ici l'édition de Padoue, 1734.

montreront, par des exemples, l'usage qu'on peut faire de ces *loci,* « soit dans la polémique scolastique, soit dans l'exposition des Saintes Ecritures ».

Le problème qui nous concerne est étudié au Livre IV : *De Ecclesiae catholicae auctoritate.* Nous verrons, à travers l'économie générale de l'exposé, et dans l'explication des différentes thèses ou *conclusiones,* quelle était la position théologique de Melchior Cano sur l'infaillibilité de l'Eglise en général et de l'universalité des fidèles tout particulièrement.

## 1. *L'ÉCONOMIE DE L'EXPOSÉ*

Du L. IV, chap. 4 : *Quaenam sit Ecclesiae catholicae in fidei dogmate auctoritas,* nous verrons d'abord la notion de l'Eglise donnée au départ, ensuite la succession des différentes thèses ou *conclusiones.*

D'abord, là notion d'Eglise. La manière d'aborder une question peut être très révélatrice de la pensée d'un auteur. Le début de ce chapitre IV nous en fournit un exemple frappant. Nous allons montrer, dit M. Cano, que l'autorité de l'Eglise est d'une telle vigueur, qu'elle peut fournir même aux théologiens des arguments d'une force probante décisive. Mais avant d'en commencer la preuve, poursuit-il, je crois utile de rappeler que le vocable Eglise ne désigne pas seulement l'assemblée des fidèles catholiques, communauté nouvelle et consacrée de ceux qui ont été baptisés dans le Christ, mais aussi les chefs et pasteurs ecclésiastiques, en qui réside l'autorité sur cette communauté [1]). Pareil réflexe ne se rencontre guère dans l'ecclésiologie du XXᵉ siècle.

Voici maintenant comment sont distribuées et formulées les quatre thèses ou *conclusiones* qui constituent ce chapitre.

---

[1]) « Hoc priusquam facio, admonere opere pretium est, Ecclesiam non ipsam modo catholicorum concionem esse, quae per baptismum Christo et nomen dedit, et peculiaris novaque respublica consecrata est, verum etiam principes ac praefectos ipsos ecclesiasticos, in quibus scilicet reipublicae hujus auctoritas potissimum residet » (118B).

*Conclusio prima* : « La foi de l'Eglise ne peut défaillir » [1]).

*Conclusio secunda* : « L'Eglise ne peut se tromper in credendo » [2]).

*Conclusio tertia* : « Non seulement l'Eglise ancienne n'a pu errer dans la foi, mais l'Eglise qui existe actuellement et jusqu'à la fin des temps ne peut, ni ne pourra, errer dans la foi » [3]).

*Conclusio quarta* : « Non seulement l'Eglise universelle, c'est-à-dire l'ensemble de tous les fidèles possède pour toujours cet Esprit de vérité ; mais les princes et pasteurs de l'Eglise le possèdent également » [4]).

On le voit : 1° L'Eglise, comme telle ; 2° L'Eglise, comme communauté des croyants ; 3° L'Eglise, à travers l'ensemble de ses pasteurs. La progression est nettement marquée, incontestablement. Elle est également significative d'une façon de penser.

Pour être complet, il faudrait certes ajouter un 4° : Le Pontife Romain, lorsqu'il définit ex cathedra : cette thèse est développée par M. Cano au L. VI, où il est question de l'autorité de l'Eglise romaine.

## 2. *L'EXPLICATION DES THÈSES*

L'explication donnée de chacune des *conclusiones* accentue encore la perspective théologique qui se dégage de l'ordonnance générale du chapitre.

La *conclusio prima* (118B-119A).

Il s'agit, d'abord, de l'Eglise comme telle, avant et indépendamment de toute distinction ou détermination. M. Cano ne donne d'ailleurs aucune précision ; il se borne à accumuler les arguments

---

[1]) « Ecclesiae fides deficere non potest » (118B).

[2]) « Ecclesia in credendo errare non potest » (119B).

[3]) « Non solum Ecclesia antiqua in fide errare non potuit, sed nec Ecclesia quidem quae nunc est usque ad consummationem saeculi, errare in fide, aut potest, aut poterit » (122B).

[4]) « Non solum Ecclesia universalis, id est, collectio omnium fidelium hunc veritatis spiritum semper habet, sed eundem habent etiam Ecclesiae principes et pastores » (122B).

scripturaires, et le choix de ceux-ci est particulièrement significatif.
L'Eglise, explique-t-il, ne peut faillir dans sa foi. Elle est en effet,
par la foi, l'Epouse du Christ : « Desponsabo te mihi in fide »
(Osée, 2). Si la foi lui faisait défaut, ce serait la rupture des
épousailles. Or, on sait bien que ce mariage est indissoluble. -
Le Christ a dit aussi qu'il serait avec nous tous les jours jusqu'à
la consommation des siècles (Matth. ult.). - Le Ps. 47, tout comme
Luc 1, annoncent que l'Eglise sera le royaume du Seigneur : c'est
donc qu'elle est assurée de la foi « sine qua regnum Christi in
terris nullum est ». - Il y a aussi les nombreuses promesses d'assistance et d'aide divines : Isaïe 59, Ps. 88, Ps. 131, Jér. 31 et 32.
- Enfin Matth. 7 décrit l'homme doué de sagesse, celui qui a édifié
sa demeure sur la terre ferme. Qu'est-ce à dire ? « Fide stamus,
ut ait Paulus (2 Cor. 1) ; ecclesia igitur fidem semper habebit ».

Tel est, en bref, le commentaire de la première thèse. Nous
en soulignons deux points. Tout d'abord, quant à l'origine et la
source de l'assistance particulière en vertu de laquelle l'Eglise est
assurée de ne pas perdre la vraie foi : c'est Dieu, le Christ,
l'Esprit. Cette « dimension » de la doctrine de l'infaillibilité est
abondamment illustrée par les théologiens posttridentins. Il ne faudrait pas qu'on néglige de l'expliciter dans les discussions ou dans
les exposés actuels de l'infaillibilité. Ensuite, et subsidiairement,
on aura constaté que M. Cano envisage l'Eglise dans sa relation
organique avec la foi - sine qua regnum Christi in terris nullum
est - d'où il est mené naturellement à parler de l'infaillibilité de
l'ensemble des fidèles *in credendo*. Ce n'est qu'ultérieurement qu'il
considérera en particulier un groupe privilégié de fidèles, les *principes et pastores*, dont il expliquera alors, non plus l'acte du
croyant, mais le jugement de l'autorité doctrinale magistérielle.

La *conclusio secunda* (119B-122A).

Le thème de cette seconde conclusion est le suivant : « Ecclesia
in credendo errare non posse » (119B). La preuve ? L'Eglise est
le Corps du Christ (Ephés. 5) ; elle ne peut donc se tromper :
une erreur en elle serait certainement rapportée à son Chef, le

Christ ! L'âme de l'Eglise, c'est l'Esprit (Ephés. 4) : or, l'Esprit ne peut pas l'induire en erreur. C'est l'Esprit aussi qui, selon la promesse du Seigneur, conduira l'Eglise dans toute la vérité (Jo. 16).

Mais l'Eglise, qui est-ce, dans le contexte présent ? Pour certains hérétiques, explique Cano, les promesses divines ne visent que les Douze Apôtres, alors qu'il est certain que le Seigneur a promis son assistance aux Apôtres certes, mais aussi à ceux qui leur succèdent, et aux autres disciples, de toutes les époques : « imo aliis similiter discipulis, vel quos jam assumpserat, vel qui postea accessuri erant » (120A). Mais pour d'autres, poursuit-il, les promesses divines affecteraient tous les chrétiens individuellement, chacun possédant l'Esprit qui le conduirait vers toute la vérité. Soit, dit-il, les dons de l'Esprit sont donnés en fait aux fidèles ; mais ce qui est ainsi attribué à chacun des membres en particulier ne vaut, au fond, et pleinement, que du Corps lui-même. Est-ce l'œil ou le corps qui voit ? Ce que le membre possède, appartient avant tout au corps. « Membrum igitur, quoniam id quod est, totius corporis est, nihil sibi vindicat proprium, sed ita in corpus omnia confert, ut magis corporis quam membri actiones, perfectionesque esse videantur » (120B). Aussi, concernant les promesses de l'Esprit, nous les considérons d'abord par rapport au Corps entier, et ensuite, par rapport à chaque membre, et selon la qualité de ce membre : « Spiritum veritatis ad corpus primum Ecclesiae referimus, deinde propter Ecclesiam ad singulas etiam Ecclesiae partes, non ex aequo, sed analogia et proportione quadam, juxta mensuram uniuscuiusque membri » (121A).

On a remarqué le réalisme surnaturel de M. Cano. Les promesses du Seigneur affectent les fidèles. Les erreurs de certains ne le conduisent pas à réserver l'infaillibilité à une Eglise qui existerait au-delà de ceux-ci. Et M. Cano insiste : l'Esprit est présent à tous les membres, non seulement en ce sens qu'Il ne manque pas au Corps universel, mais aussi en ce sens qu'Il est présent dans chacun des membres, mais d'abord et surtout en tant qu'ils sont un corps. « Verum singulis membris sic spiritus veritatis adest,

...ut non solum corpori universo non desit, sed corpori, quam membris prius potiusque intelligatur adesse » (121A).

La *conclusio tertia* (122B).

Cette thèse est brève et brièvement commentée. Toutes les promesses du Seigneur concernent l'Eglise, à chaque époque, aussi bien celle d'aujourd'hui et de demain que celle d'hier et de l'antiquité.

La *conclusio quarta* (122B-124B).

Le début du commentaire nous intéresse au plus haut point. Nous avons expliqué plus haut, dit M. Cano, que le vocable Eglise peut être employé pour désigner, soit le peuple fidèle, soit les pasteurs de l'Eglise : « Diximus enim, Ecclesiae vocem et pro populo fideli, et pro Ecclesiae pastoribus usurpari » (122B). Les thèses précédentes - les trois premières *conclusiones* - ont fixé ce qui concerne l'ensemble des fidèles ; celle-ci déterminera les prérogatives des pasteurs et des docteurs : « Priores itaque conclusiones illud astruebant, quicquid Ecclesia, hoc est, omnium fidelium concio teneret, id verum esse ; haec autem illud affirmat, pastores Ecclesiae et doctores in fide errare non posse, sed quicquid fidelem populum docent, quod ad Christi fidem attineat, esse verissimum » (122B).

Cette thèse s'appuie sur de nombreux témoignages. Saint Paul l'affirme (Ephés. 4). Le Christ a institué des pasteurs pour diriger le peuple chrétien et le confirmer dans la foi. Comment ces pasteurs, chargés d'une pareille mission, pourraient-ils l'exercer, s'ils étaient privés de l'assistance divine ? Ne manqueraient-ils pas de mettre en danger la foi du peuple chrétien ? Comment la maison de Dieu serait-elle encore la colonne et le fondement de la vérité (I Tim. 3) ? D'ailleurs, c'est aux seuls pasteurs qu'il revient de « juger » d'une controverse, de porter un « jugement doctrinal », au sens strict du terme.

L'importance donnée par M. Cano aux prérogatives du magistère épiscopal ne fait que donner plus de poids à ce qu'il a dit, plus haut, du privilège accordé par Dieu à la foi de l'ensemble du peuple chrétien.

## § 2. S. Robert Bellarmin et ses " Controverses "

Ceux qui ont parcouru les *adnotationes* et le commentaire qui accompagnaient le premier schéma *de Ecclesia* du concile du Vatican I, ont été, sinon surpris, du moins frappés d'y rencontrer le passage suivant, repris au *De controversiis christianae fidei disputationibus* de S. Robert Bellarmin :

> « Et lorsque nous affirmons que l'Eglise ne peut se tromper, nous l'entendons tant de l'ensemble des fidèles que de l'ensemble des évêques, si bien que le sens de la proposition 'l'Eglise ne peut se tromper' est le suivant : ce que tous les fidèles tiennent comme étant *de fide,* est nécessairement vrai et de foi ; et de même, ce que tous les évêques enseignent comme appartenant à la foi, est nécessairement vrai et de foi » [1].

Cette citation, que l'on trouvera dans l'*adnotatio 16* - relative au chap. IX. *De Ecclesiae infallibilitate* - n'acquerra toute sa signification que lorsque l'on pourra accéder à tous les documents préparatoires du Vatican I. Il nous reste cependant à montrer que nous tenons là un aspect de l'ecclésiologie de R. Bellarmin.

R. Bellarmin, né en 1542 à Montepulciano, en Toscane, professeur et orateur doué, après être passé à Louvain, de 1569 à 1576, fut appelé à Rome pour y donner un cours de Controverses, qu'il publia de 1588 à 1593. Cet ouvrage, en entier ou sous forme abrégée, connut un succès considérable [2].

---

[1] « Et cum dicimus ecclesiam non posse errare, id intelligimus tam de universitate fidelium, quam de universitate episcoporum, ita ut sensus sit eius propositionis 'ecclesia non potest errare', id est, id quod tenent omnes fideles tanquam de fide, necessario est verum et de fide; et similiter id quod docent omnes episcopi tanquam ad fidem pertinens, necessario est verum et de fide » (Mansi, 51, 579C).

[2] Sur S. Bellarmin, Cfr S. TROMP, *Bellarmin,* dans *Lex. Theol. Kirche,* II, 160-162. Nous suivons l'édition de Paris, 1608.

Le thème de l'Eglise « universalité des croyants » et de son infaillibilité se retrouve là où il est question, soit de l'inerrance de l'Eglise, soit de l'infaillibilité des conciles œcuméniques.

## L'INERRANCE DE L'ÉGLISE

Au tome II, à la première controverse *de conciliis et ecclesia militante*, Livre III : *De ecclesia militante toto orbe diffusa*, cha-pitre XIV : *Ecclesiam non posse errare* [1]), Bellarmin s'occupe *in recto* de la question qui nous occupe, et c'est là précisément qu'il entend le vocable Eglise d'abord de l'universalité des fidèles.

Après avoir rappelé certains griefs présentés par Calvin - no-tamment que l'inerrance est promise à l'Eglise universelle, non aux évêques, et qu'elle ne s'étend pas aux vérités extrascriptu-raires - Bellarmin formule sa thèse : « A notre avis, l'Eglise ne peut se tromper d'aucune manière, ni dans les choses absolument nécessaires, ni dans celles qu'elle nous propose à croire ou à faire, qu'elles soient expressément dans les Ecritures ou non » [2]). Puis il s'explique : « Et lorsque nous disons que l'Eglise ne peut se tromper, nous l'entendons tant de l'universalité des fidèles que de l'universalité des évêques, en sorte que le sens de la proposition 'l'Eglise ne peut se tromper' est le suivant : ce que tous les fidèles tiennent comme étant de foi, est nécessairement vrai, et de foi ; et de même, ce que tous les évêques enseignent comme appartenant à la foi, est nécessairement vrai et de foi » [3]).

C'est en fin de chapitre que Bellarmin passe à l'infaillibilité des pasteurs de l'Eglise, comme tels ; et la transition est bien char-

---

[1]) *De controversiis... tomus* II, c. 147-149.

[2]) « Ecclesiam absolute non posse errare, nec in rebus absolute necessariis, nec in aliis, quae credenda vel facienda nobis proponit, sive habeantur expresse in Scripturis, sive non » (c. 147).

[3]) « Et cum dicimus Ecclesiam non posse errare, id intelligimus tam de uni-versitate fidelium, quam de universitate episcoporum, ita ut sensus sit eius pro-positionis: ecclesia non potest errare, id est, id quod tenent omnes fideles, tan-quam de fide, necessario est verum et de fide; et similiter id, quod // docent omnes episcopi, tanquam ad fidem pertinens, necessario est verum et de fide. His explicatis, probatur haec veritas » (c. 147-148).

pentée : « Quant à l'inerrance de l'Eglise 'représentée' (c'est-à-dire, pour Bellarmin, l'épiscopat), elle se prouve d'abord par la considération suivante : si l'épiscopat entier se trompait, l'Eglise entière se tromperait aussi, puisque le peuple chrétien est obligé de suivre ses pasteurs... » [1]).

Dans les discussions qui suivent, sur la visibilité de l'Eglise, sur son indéfectibilité, sur son infaillibilité (c. 149-160), Bellarmin demeure fidèle à son option première : l'Eglise, c'est le peuple fidèle, lequel comporte des pasteurs et des chefs. Témoins les passages suivants.

L'Eglise est visible : en elle, certaines choses se voient, d'autres se croient ; on voit le groupe de personnes qui forment l'Eglise. On croit que ce groupe de personnes est la vraie Eglise du Christ [2]). Cette Eglise comporte des pasteurs : « Quod Ecclesia vel saltem omnes pastores ecclesiae simul errare possint, probatur [ab adversariis] » (c. 157). Elle fut fondée par les Apôtres, mais « neque in eis solis Ecclesia consistebat » (c. 158). Enfin, elle ne pourrait jamais se réduire à une personne, fût-ce la Vierge Marie, car « non enim una persona potest dici Ecclesia, cum Ecclesia sit populus et regnum Dei » (c. 160).

## L'INFAILLIBILITÉ DES CONCILES

Dans cette même première controverse *de conciliis et ecclesia militante*, mais au Livre II : *De Conciliorum auctoritate*, le chapitre II : *Concilia generalia, a Pontifice confirmata, non posse errare* (c. 53-56) aborde la question de l'infaillibilité des Conciles.

Bellarmin annonce d'abord qu'il va argumenter à partir des Saintes Ecritures, dont il distribue les témoignages et les preuves

[1]) « Iam quod etiam ecclesia repraesentative non possit errare, probatur primo, quia si omnes episcopi errarent, tota etiam Ecclesia erraret, quia tenentur populi sequi suos Pastores » (c. 149).
[2]) « Sed melius dico, in Ecclesia aliquid videri, et aliquid credi. Videmus enim eum cœtum hominum qui est Ecclesia, sed quod ille cœtus sit ipsa vera Christi Ecclesia, non videmus, sed credimus » (c. 151).

en quatre classes : *a*) les témoignages « propres » ; *b*) ceux qui concernent l'Eglise comme telle ; *c*) ceux qui concernent la Papauté ; *d*) ceux qui s'appliquent à l'ensemble des Evêques et des Docteurs [1]. On aura constaté la stabilité des positions de base ecclésiologiques.

La portée reconnue au second groupe des témoignages scripturaires est également celle qu'on attendait : « Par eux, on prouve que l'Eglise ne peut se tromper, ni *in credendo*, ni *in docendo* » [2]). Il s'agit de Matth. 16, 18 ; Matth. 28, 20 ; I Tim. 3, 15 et autres semblables. Sur cette base scripturaire, la preuve de l'infaillibilité est élaborée de deux manières. La première part du fait que toute l'autorité dans l'Eglise se trouve formellement dans ses chefs. La seconde, qui nous concerne directement, se résume comme suit : « Le concile général représente l'Eglise universelle, et possède par conséquent le consentement de l'Eglise universelle ; partant, si l'Eglise ne peut se tromper, le concile œcuménique, légitime et approuvé, ne le pourra non plus » [3]).

Il y a donc accord foncier entre M. Cano et R. Bellarmin sur l'infaillibilité de l'universalité des fidèles *in credendo*.

## § 3. Les " Commentaria theologica " de Grégoire de Valencia

C'est pour avoir un écho de l'enseignement d'Ingolstadt que nous avons interrogé Grégoire de Valencia. Né à Medina del Campo en 1549, ayant reçu sa formation philosophique et théolo-

---

[1]) « Probatur primo testimoniis divinae scripturae, quae ad quattuor classes reduci possunt. In prima, erunt testimonia propria; in secunda, illa quae probant Ecclesiam // non posse errare; in tertia, illa quae probant Papam non posse errare; in quarta, illa quae probant Episcopos omnes et Doctores Ecclesiae non posse errare » (c. 53-54).

[2]) « Secunda classis testimoniorum continet omnia illa loca, quibus probatur Ecclesiam non posse errare, neque in credendo, neque in docendo, qualia sunt... » (c. 55).

[3]) « Concilium generale repraesentat Ecclesiam universam, et proinde consensum habet Ecclesiae universalis; quare si Ecclesia non potest errare, neque concilium œcumenicum, legitimum et approbatum, potest errare » (c. 55).

gique à Salamanque principalement (1564-1572), Grégoire de Valencia fut envoyé en Allemagne, à Dillingen d'abord, pendant deux
ans, puis, de 1575 à 1597, à l'université d'Ingolstadt. Au cours des
dernières années de ce séjour à Ingolstadt, il acheva ses *Commentaria Theologica* [1]). Mandé à Rome en 1598, il fut chargé bientôt
de défendre la doctrine de Molina aux congrégations *De auxiliis*.
Surmené par ces travaux, il mourut en mars 1603.

## L'INFAILLIBILITÉ DE L'ÉGLISE

Comme il s'agit d'un commentaire - au sens large - de la
Somme de saint Thomas, c'est au *De Fide* que l'on cherchera
la pensée d'un auteur sur l'Eglise et son infaillibilité. Dans les
*Commentaria* de Grégoire de Valencia, on doit même s'avancer
jusqu'au cœur du *De Ecclesiae proprietatibus* pour trouver la question qu'on attend et la réponse qu'y donne le professeur d'Ingolstadt. Quelle est la véritable Eglise du Christ, se demande-t-il ? On
la discernera, répond-il, à huit propriétés, quatre reprises du Symbole, quatre tirées des Ecritures [2]). La septième, qui nous intéresse, c'est l'infaillibilité de l'Eglise : « Sic a Spiritu Sancto sibi
assistente veritatem omnem fidei docetur, ut *aberrare* ab ea minime
possit » (c. 180).

Sur qui repose cette infaillibilité, dit-il, après en avoir prouvé
l'existence en arguant des preuves scripturaires généralement citées
à son époque ? Grégoire de Valencia marque fortement que l'autorité d'enseignement infaillible est le privilège de l'Eglise enseignante, et, lorsqu'il parle de celle-ci, il pense d'abord au Pontife
romain et, subsidiairement, au Concile œcuménique. Mais cela ne
l'empêche pas de dire aussi que l'ensemble des fidèles, *in credendo*,
jouit de la même prérogative. A-t-il beaucoup réfléchi lui-même

---

[1]) Voir sur Grégoire de Valencia, l'art. surtout doctrinal de B. ROMEYER,
dans *Dict. Théol. Cathol.*, t. XV, c. 2465-2497. Nous citons les *Commentaria
Theologica. T. III. complectens materias Secundae Secundae D. Thomae*, Ingolstadt, 1603.
[2]) *O. c.*, c. 162-226.

à ce point précis ? Il ne semble pas. Grégoire est ici fort dépendant de Melchior Cano, et d'ailleurs ne s'en cache point.

Après avoir rappelé les promesses du Seigneur en faveur de son Eglise, Grégoire de Valencia se pose la question de savoir à qui elles s'appliquent. D'abord, dit-il, *primo,* à l'autorité même, le Pontife Romain, et au Concile. Mais à partir du *secundo* jusqu'à la fin, il est expressément question de l'ensemble des fidèles *in credendo.*

*Secundo.* « La portée de ces promesses est la suivante : l'ensemble des fidèles ne peut défaillir en matière de foi, ni dans la totalité, ni même dans une partie de celle-ci. Si tous se trompaient, c'est l'Eglise elle-même qui défaillirait. Et fausse s'avérerait la promesse divine faite à l'Eglise par le prophète Osée : « Je te fiancerai à moi dans la foi pour toujours » [1]). Après quoi, dans un *tertio* et un *quarto,* Grégoire expose la même doctrine sous un aspect différent : l'ensemble des fidèles ne peut « ignorer » un article de la foi, et l'ensemble des fidèles ne peut « se convaincre » d'une erreur dans la foi. Mais comme ces différents aspects sont repris en bref dans le *quinto,* nous nous contenterons de reproduire celui-ci. Nous attirons l'attention sur la façon de raisonner sur les relations existant entre l'infaillibilité promise à l'Eglise *in credendo* et à l'autorité ecclésiastique *in docendo* ; on retrouvera, en somme, les idées de Melchior Cano.

*Quinto.* « Ce qui a été dit de l'ensemble des fidèles, à savoir qu'ils ne peuvent se tromper sur la totalité ou sur une partie de la doctrine de foi, ni ignorer un article de foi, ni se convaincre d'une erreur, il faut l'affirmer aussi de l'ensemble des Pasteurs et des Docteurs de l'Eglise. Cet auteur (Melchior Cano, L. 4, c. 4) le montre très bien. D'abord, parce que les Pasteurs et Docteurs,

---

[1]) « *Secundo,* vis etiam illarum promissionum est, omnes fideles non posse deficere a doctrina fidei, neque omnino, neque quoad aliquam ipsius partem. Nam si deficerent omnes, Ecclesia tota deficeret. Ita falsa esset illa Dei pollicitatio facta Ecclesiae per prophetam Oseam 2, *Desponsabo,* inquit, *te mihi in fide usque in sempiternum* » (O. c., c. 181).

qui sont comme les premiers dans l'Eglise, sont censés de ce fait constituer toute l'Eglise... S'ajoute à cela que si l'ensemble des Pasteurs et des Docteurs pouvait se tromper, il s'ensuivrait que l'ensemble des fidèles pourrait être dans l'erreur : c'est d'eux en effet que les fidèles reçoivent leur enseignement dans l'Eglise. Aussi, du fait que l'ensemble des fidèles ne peut se tromper, on doit conclure nécessairement que l'ensemble des Pasteurs et des Docteurs ne peut, lui non plus, se tromper. D'autant plus que, si l'ensemble des fidèles ne peut se tromper, c'est parce que l'ensemble des Pasteurs et des Docteurs ne peut absolument pas se tromper » [1]. Cette dernière considération, on l'aura remarqué, est d'une autre veine que les précédentes. Grégoire passe ici de l'infaillibilité que l'Eglise *in credendo* reçoit de l'Esprit, à cette inerrance qui lui est garantie lorsqu'elle est un parfait miroir de l'*Ecclesia docens*. Perspectives vraies, mais distinctes, et à distinguer.

## LE CONSENSUS FIDELIUM

Nous en sommes toujours à la *Disputatio de Fide*, et plus précisément à la *Quaestio I*[a]. *De obiecto fidei*. Pour qu'on puisse adhérer de manière infaillible à l'objet de la foi, se demande le professeur d'Ingolstadt, suffit-il qu'on sache qu'il est divinement révélé, ou faut-il que, en plus, une autorité intervienne, et laquelle ? Dans la réponse, la place faite au Pontife Romain est très large : c'est que Grégoire en profite pour insérer ici un bref exposé

---

[1] « *Quinto*: Quod dictum est, omnes fideles, neque omnino, neque partim aut errare a fide, aut ignorare fidei articulum aliquem, aut persuadere sibi quidquam falsi in ullo genere posse, hoc idem de Ecclesiae Pastoribus atque Doctoribus omnibus dicendum est: ut recte demonstrat ille idem // auctor. Primum, quoniam Pastores et Doctores, quum sint in Ecclesia primarii: tota quasi censentur Ecclesia... Deinde huc accessit, quod si Pastores et Doctores omnes a veritate aberrare possent, consequenter omnes fideles in universum possent errare. Ab illis enim isti erudiuntur in Ecclesia. Quamobrem hoc ipso, quod errare fideles omnes non possunt, necessario fatendum est, neque posse Pastores omnes atque Doctores errare. Immo idcirco fideles omnes errare non possunt, quia Pastores omnes et Doctores omnino errare nequeunt » (*O. c.*, c. 181-182).

des prérogatives du Pontife Romain [1]), tout comme, plus haut, il avait esquissé un court traité apologétique *de Ecclesia*. Il parle aussi des Conciles, un peu des Docteurs, et enfin, très brièvement cette fois, du *consensus fidelium*. Ce qu'il enseigne à ce propos est néanmoins plus appuyé que ce que diraient bien des théologiens du XXᵉ siècle. « Dans les définitions de foi - nous l'avons dit plus haut - il faut aussi tenir compte, lorsque la chose est possible, de l'accord unanime des fidèles. C'est que eux aussi, en tant qu'ils constituent l'Eglise, conservent dans leur pureté et dans leur intégrité la révélation divine par l'assistance de l'Esprit Saint, grâce auquel ils ne peuvent tous ensemble se tromper. Nous l'avons expliqué plus haut, en traitant de la septième propriété de l'Eglise. Je ne veux évidemment pas dire que le Pontife Romain doit, à propos de chaque vérité controversée, demander l'avis de tous les fidèles. C'est là une chose impossible, et, même si elle était possible, elle ne s'impose pas : les doctrines controversées ne sont presque jamais à la portée de la masse des fidèles. Mais je veux affirmer ceci : si l'on constatait, lors d'une discussion en matière religieuse, qu'il y a un accord unanime chez les fidèles - ce qui se manifeste habituellement, soit dans une pratique cultuelle communément reçue entre chrétiens, soit par le scandale ou l'offense ressentis unanimement à cause d'une théorie -, en ce cas, le Pontife Romain peut à juste titre et même doit s'appuyer sur cet accord unanime, comme une sentence infaillible de l'Eglise » [2]).

---

[1]) *O. c.*, c. 226 - c. 286.

[2]) « Est etiam in definitionibus fidei, sicut supra diximus, habenda ratio, quoad fieri potest, consensus fidelium, quoniam et ii sane, quatenus ex ipsis constat Ecclesia, sic Spiritu Sancto assistente divinas revelationes integré ac puré conservant, ut omnes illi quidem aberrare non possint // sicut patet ex superius dictis, § 16, circa septimam Ecclesiae proprietatem. Neque tamen idcirco volo debere Pontificem, de quavis controversia, fidelium omnium sententiam inquirere. Hoc enim neque fieri potest, neque si posset, expediret. Fere enim eiusmodi sunt, quae in controversiam fidei adducuntur, ut captum vulgarium fidelium longe superent. Illud solum contendo : Si quando de re aliqua in materia religionis controversa constaret, fidelium omnium concordem esse sententiam (solet autem id constare vel ex ipsa praxi alicuius cultus, communiter apud christianos populos

## § 4. F. Suarez et ses Disputationes

C'est à Coïmbre qu'il nous faut aller pour retrouver un con-disciple que Grégoire de Valencia connut à Salamanque, François Suarez. Contemporain de Grégoire - il naquit à Grenade en 1548 - il fut formé à Salamanque (1564-1570), enseigna la philosophie et la théologie dans diverses villes d'Espagne et, pendant quelques années également, à Rome. Mais c'est à Coïmbre, de 1597 à 1617, date de sa mort, qu'il passa les dernières années d'une existence bien remplie, et, somme toute, assez mouvementée [1]). C'est à Coïmbre, en particulier, de 1610 à 1613, que Suarez travailla à sa *Defensio fidei catholicae et apostolicae adversus anglicanae sectae errores* [2]).

### LA DEFENSIO FIDEI CATHOLICAE

L'intention polémique de cet ouvrage est manifeste, et Suarez prend garde de ne pas la perdre de vue ; mais l'allure de l'exposé demeure apparentée aux fortes et lentes démarches des commen-taires scolastiques. Comment F. Suarez arrive-t-il à traiter de l'*Ecclesia in credendo* ? Dès le Livre premier de la *Defensio*. Après avoir expliqué *Quantum anglicana secta a fide catholica dissideat*, il se retourne vers l'Eglise catholique, dont il explique qu'elle ne peut, elle, perdre la vraie foi : *Cap. III. Ecclesiam Christi non posse veram fidem amittere ostenditur* ; pas même par ignorance invin-cible : *Cap. IV. Non posse catholicam Ecclesiam etiam per igno-rantiam in rebus fidei errare* [3]).

La marche du raisonnement est la suivante. Les Ecrits inspirés

recepta, vel ex scandalo et offensione communi, quae ex opinione aliqua oritur etc.) merito posse ac debere Pontificem illā niti, ut quae esset Ecclesiae sententia infallibilis » (*O. c.*, c. 359 - c. 360).

[1]) Cfr l'art. *Suarez*, dans *Dict. Théol. Cathol.*, t. XIV, c. 2638-2728. L'édition de ses œuvres la plus abordable est celle des *Opera omnia*, en 28 vol., Paris, Vivès. C'est elle que nous citons.

[2]) Dans *Opera omnia*, t. XXIV, Paris, 1859.

[3]) T. XXIV, p. 13A-20B.

montrent que le Christ a voulu une Eglise militante qui fût une et durât jusqu'à la fin des temps. Cette Eglise doit donc être garantie de ne point défaillir dans sa foi. En effet, « si tota Ecclesia fidem amitteret, eo ipso desineret esse Ecclesia, et inciperet esse Synagoga Satanae » (p. 16 B). Et ce raisonnement ne s'applique pas seulement à l'Eglise universelle en tant qu'elle est consciente et lucide. Les promesses du Seigneur assurent aussi à l'Eglise de ne pas se tromper dans les matières de foi, même *per ignorantiam*. S'il en était autrement, les fidèles seraient perpétuellement sans certitude absolue, en état de doute.

Lorsque Suarez parle de l'Eglise, ici, c'est de l'Eglise universelle qu'il s'agit, celle qui comprend le clergé et les laïcs, selon ses expressions. Mais comme ces mêmes idées réapparaissent de façon moins développée mais plus systématique dans son *De Fide*, c'est celui-ci que nous interrogerons sur la pensée de Suarez concernant l'infaillibilité de l'Eglise *in credendo*.

## LES DISPUTATIONES

Des *Disputationes* données par Suarez dans le cadre de la Somme théologique, celles de la *Secunda Secundae*, où sont étudiées les vertus théologales, - en particulier le *De Fide* - nous concernent directement [1]). Suarez a traité ces questions déjà durant un bref séjour à Rome, et aussi vers la fin de sa carrière professorale à Coïmbre, en 1613-1614. Il renvoie d'ailleurs lui-même à diverses reprises au *Defensio fidei*.

Le *Tractatus de fide*, à la *Disputatio Quinta*, soulève la question qu'on attendait : *De regulis quibus fidei obiectum infallibiliter proponitur*.

On peut noter, tout d'abord, l'ordonnance des réponses concernant l'Eglise : il suffira de reprendre l'intitulé des Sections VI, VII et VIII [2]).

---

[1]) Cfr *Opera omnia*, t. XII, Paris, 1858.
[2]) Cfr t. XII, p. 154A, 157B, 160A.

*Sectio VI.* An Ecclesia universalis sit infallibilis in credendo, ac proinde certa regula fidei ?

*Sectio VII.* An legitimum Concilium sit certa regula fidei ?

*Sectio VIII.* An Papa sine Concilio sit certa regula fidei ?

Nous avons déjà rencontré pareille ordonnance ; elle est assez significative par elle-même et se passe de commentaire.

Venons-en à la Section VI elle-même. En l'introduisant, Suarez donne d'excellentes précisions sur la portée des thèses qu'il va défendre. Il ne suffit pas, fait-il observer, de parler d'accord unanime ; il faut encore en préciser l'objet. On peut être d'accord sur une vérité probable, très probable même, sans qu'on en arrive au domaine de la foi. On peut être aussi d'accord qu'une chose est certaine *de fide,* révélée par Dieu, et c'est de cela qu'il sera avant tout question ici [1]). Ultérieurement, précise Suarez, par rapport à cet assentiment de foi, au sens strict, il est deux manières de se tromper : avec l'obstination qui fait l'hérésie, ou bien par ignorance invincible. Il faudra envisager les deux cas.

Mais de quelle Eglise s'agit-il ? Ce vocable peut s'appliquer valablement de diverses manières [2]). Ici, il s'agira de l'Eglise universelle, c'est-à-dire l'ensemble de ceux qui croient dans le Christ, et qu'on appelle « romaine », non dans le sens d'un diocèse, mais parce que tous les croyants dans le Christ sont unis aussi dans l'obéissance à l'évêque de Rome [3]).

Ces précisions données, il est possible d'envisager les deux cas annoncés : l'Eglise universelle faisant défection, soit avec l'obstination de l'hérésie, soit par ignorance invincible.

---

[1]) « ... sermonem esse de universali Ecclesia catholica. Haec autem duobus modis potest conspirare, seu convenire in assensu alicuius rei. Primo, credendo illam solum ut probabilem, vel probabiliorem et magis piam, aut in quocumque alio simili gradu qui non attingat certitudinem fidei. Secundo, potest convenire credendo aliquid tanquam certum de fide, et a Deo revelatum, et de hoc posteriori modo est principalis quaestio; nam alter non pertinet ad fidem » (p. 155A).

[2]) T. XII, p. 154AB.

[3]) Cfr *Defensio fidei catholicae,* dans *Opera omnia,* t. XXIV, p. 21B; et t. XII, p. 155A.

Pour le premier cas, aucun doute n'est possible. L'Eglise universelle ne peut défaillir dans sa foi par manière d'hérésie. C'est une affirmation de foi, dit Suarez, que l'on rencontre si fréquemment dans les Conciles et chez les Pères, qu'il paraît superflu de développer une preuve [1].

Le deuxième cas appelle une réponse tout aussi affirmative. Pareille vérité, déclare Suarez, me paraît être également *de fide*. Et il renvoie, tout comme il l'a fait dans le premier cas, à son *Defensio fidei*. Mais il ne se borne pas à cela, et amorce une argumentation *ex ratione*, dont nous reprenons quelques points, car il y sera notamment question du *sensus Ecclesiae*. « Si l'Eglise du Christ pouvait se tromper en croyant à une erreur comme s'il s'agissait d'une vérité *de fide*, fût-ce par ignorance invincible, toute la foi deviendrait incertaine ; pour chaque vérité, l'on pourrait craindre d'être induit en erreur, par ignorance. Admettre cela... serait aussi contredire l'usage des conciles et le sens de Pères ; ceux-ci, pour fixer la doctrine de foi, recourent toujours au sens de l'Eglise, comme à une chose absolument vraie et hors de portée de l'erreur, que ce soit par ignorance, ou de quelque manière que ce soit, comme il se voit au Concile de Trente, Sessio VI, chap. 8 et Session XIV, chap. 15... » [2].

A ces déclarations si claires par elles-mêmes, Suarez ajoute une précision : « en fait, cette infaillibilité de l'Eglise *in credendo*, si elle est réelle, ne devient pas, concrètement, règle de foi, parce

---

[1] « *Assertio prima de fide*. - Dico ergo primo: Ecclesia universalis seu Romana non potest a fide deficere per haeresim (cum pertinacia). Est assertio de fide, et tam frequens in Conciliis et Patribus, ut superfluum videatur aliquid allegare. Videantur scripta in defensione fidei, lib. 1, cap. 4 » (p. 155B).

[2] « Si Ecclesia Christi posset errare, credendo aliquid falsum tanquam de fide certum, etiam per ignorantiam invincibilem, tota eius fides dubia redderetur; quia in singulis formidare posset et dubitare ne forte per ignorantiam decipiatur. Consequens est... tum etiam quia est contra usum conciliorum et sensum SS. Patrum; semper enim ad statuendam fidem, recurrunt ad Ecclesiae sensum, tanquam ad omnino verum et extra errorem, sive per ignorantiam, sive quocumque alio modo, ut videre licet in Concilio Tridentino, sessione sexta, capite octavo, et sess. 14, cap. 5 » (p. 156B).

qu'il est impossible de réunir l'ensemble des fidèles de l'Eglise universelle, et ensuite parce que, lorsqu'il s'agit d'autorité doctrinale, seuls les Pasteurs et Docteurs entrent en ligne de compte. Mais toujours, bien entendu, « licet Ecclesia sit infallibilis in credendo... » [1]).

Faut-il ajouter quelque chose à ces témoignages si concordants de maîtres éminents dont l'enseignement a marqué Salamanque, Rome, Ingolstadt et Coïmbre ?

---

[1]) Voici deux passages exprimant ces mises au point:

« Licet Ecclesia sit infallibilis in credendo, nihilominus formaliter, ut sic dicam, et tantum secundum se totam sumpta, non est sufficiens viva regula fidei in docendo. Ratio est, quia impossibile est totam hanc Ecclesiam convenire ad aliquid de fide definiendum; et ideo neque est apta ad loquendum, et docendum per modum vivae regulae. Item, quia magna pars hujus Ecclesiae non est sufficiens ad docendum, nec hoc pertinet ad statum ejus, ut constat maxime de statu laicorum... » (p. 157A).

« Item est ostensum hanc regulam non posse esse totum corpus mysticum Ecclesiae, ut includit totum populum laicorum, imo nec totum clerum, propter impossibilitatem et insufficientiam, et quia non omnes sunt Pastores vel Doctores Ecclesiae » (p. 160A).

# CHAPITRE DEUXIÈME

## LES CLASSIQUES DES XVIIᵉ ET XVIIIᵉ SIÈCLES

Les diverses écoles de théologie suivent la voie tracée par leurs devanciers, et la filiation des auteurs est facilement discernable. A travers les similitudes et les options personnelles, la doctrine de l'infaillibilité de l'universalité des fidèles *in credendo* demeure comme un bien commun de la théologie, dont nous interrogerons quelques représentants chevronnés.

### § 1. Maîtres de l'école dominicaine

De cette école, voici deux représentants : J.-B. Gonet et Ch.-R. Billuart. Le premier, né à Béziers vers 1616, enseigne la théologie à Bordeaux, de 1640 à 1677 ; il est connu en particulier par son *Clypeus theologiae thomisticae contra novos eius impugnatores*, Bordeaux, 1659, qui eut de très nombreuses éditions jusqu'au XIXᵉ siècle. J.-B. Gonet mourut en 1681 [1]). Ch.-R. Billuart naquit en 1685 ; c'est à Douai qu'il déploya surtout ses qualités de théologien et de directeur. Sensible aux préoccupations de son époque, il décida de publier un commentaire de la Somme théologique de S. Thomas, où les questions historiques connexes à la théologie auraient une place honorable : *Summa S. Thomae hodiernis academiarum moribus accommodata*, Liège, 1746-1751, qui connut aussi de multiples éditions [2]).

[1]) Sur J.-B. Gonet, voir l'art. de R. COULON, O. P., dans *Dict. Théol. Cathol*, t. VI, c. 1487-1489.

[2]) Sur Ch.-R. Billuart, voir l'art. de P. MANDONNET, dans *Dict. Théol. Cathol.*, t. II, c. 890-892.

## J.-B. GONET ET SON CLYPEUS THEOLOGIAE

Les questions relatives à la source et aux normes de la foi - Ecriture, traditions, Eglise, Magistère, Conciles, - n'ayant pas été examinées par S. Thomas, les commentateurs de la Somme théologique les placent souvent - nous l'avons déjà constaté chez Grégoire de Valencia - dans le traité *de virtutibus theologicis*, en annexe au *de fide*. Dans le *Clypeus theologiae*, le *Tractatus X. De virtutibus theologicis* comprend dix *Disputationes*, dont deux nous concernent : *Disputatio III. De Ecclesia* et *Disputatio V. De sacris Ecclesiae conciliis* [1]).

Le premier article de la *Disputatio III. De Ecclesia* est formulé de manière caractéristique, que l'on ne rencontre plus actuellement : *Utrum Ecclesia universalis sit infallibilis in credendo, et certa regula fidei ?* (p. 259B). Il s'agit bien de l'Eglise concrète, celle qui est « visible, discernable, composée des réprouvés et des prédestinés » (p. 260B). On le remarque particulièrement là où Gonet oppose « chaque fidèle » à « toute l'Eglise ». Il s'agit de la troisième preuve donnée en faveur de la thèse : L'Eglise universelle ne peut se tromper dans la foi (p. 261A) ; en effet, une erreur de l'Eglise rejaillirait sur le Christ et sur l'Esprit. Mais chaque fidèle, objecte-t-on, a le Christ pour tête et, pour cœur, l'Esprit ; pourtant, l'erreur d'un fidèle ne rejaillit pas sur toute l'Eglise ! Précisément, répond-il. Un fidèle en particulier peut cesser d'être uni au Christ et à l'Esprit ; tandis que l'Eglise, l'Epouse du Seigneur, ne peut cesser d'être le corps mystique de celui-ci [2]).

La *Disputatio V. De sacris Ecclesiae conciliis* évoque la même

---

[1]) Nous citons d'après l'édition de Bordeaux, 1669.

[2]) « Dices, Christus est caput, et Spiritus Sanctus cor cujuslibet fidelis, et tamen error illius in fide, nullo modo in eos redundat: Ergo nec error totius Ecclesiae in Christum et Spiritum Sanctum redundaret.

Sed nego consequentiam et paritatem: disparitas est, quia fidelis particularis potest desinere esse membrum ipsius Christi et Ecclesiae, per errorem culpabilem: at vero Ecclesia, supposita Christi promissione quae habetur Oseae 2. *Desponsabo te mihi in fide in sempiternum,* desinere non potest esse corpus mysticum illius » (p. 261A).

vision ecclésiologique fondamentale : d'abord l'Eglise universelle
dans son ensemble, ensuite le concile général légitime, qui représente cette Eglise. Et ceci est très caractéristique : c'est à partir
des prérogatives de l'Eglise complète que Gonet justifie rationnelle-
ment l'infaillibilité du Concile. En effet, après le *Colligitur ex
Scriptura* et le *Favent Patres*, il poursuit : *Ratio etiam suffragatur.*
Il est de foi, explique-t-il, que l'Eglise universelle ne peut se tromper
*in credendo* et *in docendo*. Elle est la colonne et le fondement de
la vérité, et les portes de l'enfer ne peuvent rien contre elle. Or,
si le concile général, réuni et célébré légitimement, pouvait se
tromper, l'Eglise universelle *in credendo* et *in docendo* se tromperait aussi, puisque ce concile représente l'Eglise universelle [1]). Le
*Confirmatur* qu'ajoute immédiatement Gonet est plus significatif
encore. Rappelant la nécessité pour l'Eglise d'avoir une règle de
foi et un arbitre autorisé des controverses, il trouve ces qualités
dans le concile général, et non dans le Corps entier de l'Eglise,
à savoir tous les catholiques ; mais la cause de cette impossibilité est
d'ordre pratique, non dogmatique : comment en effet pourrait-on
réunir tous les fidèles pour les consulter [2]) ?

## CH.-R. BILLUART ET SON CURSUS THEOLOGICUS

C'est également entre le *De Fide* et le *De Spe* que l'on trouvera

[1]) « Ratio etiam suffragatur: De fide enim est, Ecclesiam universam errare
non posse in credendo et docendo, illa enim est columna et firmamentum veritatis,
contra quam portae inferi nequeunt praevalere, ut supra ostensum est: Atqui,
si Concilium generale, legitime congregatum et celebratum, errori obnoxium
esset, eo ipso erraret universa Ecclesia in credendo et docendo, cum tale Concilium universam repraesentet Ecclesiam, et tota Ecclesiae authoritas in eo sit;
adest enim Summus Pontifex per se, vel per suos Legatos, et Episcopi, qui sunt
Ecclesiae principes, et nobiliores ejus partes seu membra, ei assistunt. Ergo, etc. »
(p. 295B).
[2]) « Confirmatur: Vel Ecclesia omni regula viva et judice controversiarum
sufficienti destituta est (quod quam sit absurdum supra ostendimus), vel id Concilio Generali legitimo, id est capiti et praecipuis membris Ecclesiam totam
repraesentantibus concedi debet; neque enim haec regula potest esse totum corpus
Ecclesiae, ut comprehendit omnes Catholicos, propter imposs.bilitatem omnes
cogendi vel consulendi, et propter alia multa, quae loco citato adduximus »
(p. 295B).

le *De Regulis fidei* de Billuart : Ecriture, traditions, Eglise, Pape, Conciles généraux. Nous nous arrêterons un instant au *De Ecclesia,* art. V. *Utrum Ecclesia possit deficere* ? [1]). L'état de la question, le plan de l'article, telle argumentation sont, pour nous, très significatifs.

L'état de la question, le voici. On peut, dit Billuart, considérer l'Eglise, soit comme l'ensemble de tous les fidèles, l'*Ecclesia credens,* soit dans le groupe des prélats et des docteurs, l'*Ecclesia docens.* La question est de savoir si l'une et l'autre sont infaillibles, la première *in credendo,* la seconde *in docendo.* Ou encore, ajoute-t-il, selon la façon de parler de certains : l'Eglise jouit-elle de l'infaillibilité tant active que passive ? [2]). La réponse sera affirmative.

Cette réponse est caractéristique par son économie même. Elle traite d'abord de l'infaillibilité *in credendo* et ensuite de l'infaillibilité *in docendo* [3]). L'idée de l'infaillibilité de l'Eglise *in credendo* est si naturelle et obvie dans son ecclésiologie que, après avoir cité Matth. 28, 20 : « *Ecce vobiscum sum omnibus diebus usque ad consummationem saeculi* », Billuart se rend compte qu'il s'agit des Douze et, malgré cela, revient aux fidèles, grâce au commentaire de S. Thomas : « Ce n'est pas avec eux seuls que le Christ a dit qu'il demeurera, mais avec tous ceux qui, après eux, auront la foi ; les Apôtres ne pouvaient demeurer jusqu'à la fin des siècles ; le Christ parle comme à un seul corps, à tous les fidèles » [4]). Après

---

[1]) Nous citons d'après l'édition de Lyon-Paris, 1853, t. V.

[2]) « Ecclesia potest duobus modis considerari: 1º ut est congregatio omnium fidelium tam praelatorum quam subditorum ; 2º prout est congregatio praelatorum et doctorum: haec dicitur Ecclesia representative et docens ; prima dicitur Ecclesia credens. Quaestio est utrum utraque sit infallibilis, prima in credendo, secunda in docendo ; seu, ut alii dicunt, utrum Ecclesia habeat infallibilitatem tam activam quam passivam ? » (p. 106B-107A).

[3]) *O. c.,* p. 107A-109B.

[4]) « *Prob.* 2º clarissime ex novo Testamento, Matth. 16: *Tu es Petrus, et super hanc petram aedificabo Ecclesiam meam,* utique visibilem in homine visibili fundatam ; *et portae inferi non praevalebunt adversus eam.* Ibidem cap. 28: *Ecce vobiscum sum omnibus diebus usque ad consummationem saeculi.* Super quae verba S. Th. in Catena dicit: « Non cum illis solum dixit se futurum

cela seulement, Billuart passe à la preuve de l'infaillibilité de l'Eglise *in docendo*, et l'énonce comme suit : « Ecclesia in suis pastoribus repraesentata, sive per orbem dispersa, sive in unum congregata, errare non potest in rebus fidei et morum proponendis et definiendis » [1]). On notera le *sive per orbem dispersa, sive in unum congregata,* qui sera sanctionné solennellement au Concile du Vatican I [2]).

Un dernier indice : la façon d'argumenter. Nous l'avons déjà signalée, sur ce même point, chez Gonet et M. Cano. La retrouver chez Billuart, et même accentuée, lui donne un supplément d'intérêt. Il s'agit, concrètement, de la preuve de l'infaillibilité *in docendo*. Billuart l'établit d'abord à partir de ce qu'il a exposé concernant l'infallibilitas *in credendo*. Si l'Eglise représentée dans ses pasteurs pouvait se tromper, dit-il, il s'ensuivrait que l'ensemble des fidèles, ou l'Eglise comme assemblée de tous les fidèles, pourrait se tromper - puisque les fidèles doivent écouter leurs pasteurs - ce qui est faux. Aussi, « tout ce que nous avons dit de l'infaillibilité de l'Eglise in credendo *prouve* - c'est nous qui soulignons - son infaillibilité *in docendo* » [3]).

---

esse, sed et cum omnibus qui post illos credunt; non enim usque ad consummationem saeculi Apostoli mansuri erant, sed sicut uni corpori fidelibus loquitur » (p. 107AB).

[1]) Voir p. 108A.

[2]) Denz. 1792. A titre documentaire, voici comment Billuart s'explique, et très heureusement d'ailleurs, sur son alternative: « Dixi 1° *Ecclesia sive dispersa sive congregata*; quia, cum promissiones infallibilitatis sint factae Ecclesiae, et eadem sit semper Ecclesia, sive dispersa sive congregata, in utroque statu gaudet privilegio infallibilitatis. Et certe Christus non intelligebat de Ecclesia congregata in conciliis, cum dixit: *Ecce vobiscum sum omnibus diebus,* cum non omnibus diebus, sed rarissime congregentur concilia. Insuper Patres laudati loquuntur de Ecclesia dispersa. De Ecclesia vero congregata redibit sermo dum de conciliis, ubi plura hunc spectantia dicenda reservantur, ne omnia simul confundamus » p. 108B-109A).

[3]) « Si Ecclesia in suis pastoribus repraesentata, sive per orbem diffusa, sive congregata, posset errare in rebus fidei et morum proponendis, sequeretur quod omnes fideles, seu Ecclesia sumpta pro congregatione omnium fidelium, posset errare in credendo et deficere: *falsum consequens, ut probatum est*: ergo et ant. **Prob. sequela.** Quia fideles non credunt nec credere debent aliud, quam quod

Et ce n'est pas là, pour Billuart, une distraction. Il reprend la même argumentation lorsqu'il traite de l'autorité infaillible des conciles généraux. Le concile général, explique-t-il, représente l'Eglise. Par conséquent, tout ce que nous avons prouvé en faveur de l'infaillibilité de l'Eglise universelle, soit « croyante » soit « enseignante », s'entend aussi des conciles généraux » [1]).

## § 2. Deux jésuites allemands

La tradition de la Compagnie de Jésus est tangible dans les ouvrages de deux jésuites de langue allemande que nous avons interrogés comme témoins de leur époque : Gui Pichler et Henri Kilber. Le premier, bavarois (1670-1736), enseigne la philosophie, la théologie et plus longtemps encore le droit canon, à Dillingen, Augsbourg et Ingolstadt. Sa *Theologia Polemica*, de 1713, connut plusieurs éditions [2]). Henri Kilber est le plus important des quatre collaborateurs de la célèbre *Theologia Wirceburgensis* [3]). Né en 1710, il fut chargé de l'enseignement de la philosophie et de la théologie à Heidelberg et à Wurtzbourg. Il fut, dit-on, peu personnel, mais bon professeur. Après la suppression de la Compagnie en 1773, il devint régent du séminaire Saint-Charles, à Heidelberg. Il mourut en 1783.

---

ipsis proponunt universi pastores; eos enim instituit Christus ut subditum gregem pascerent, regerent et docerent in rebus fidei et morum, Act. 20: *Posuit vos episcopos Spiritus sanctus regere Ecclesiam Dei*; Matth. 28: *Docete omnes gentes*, jussit ut omnes illos audirent et eis obedirent; Luc. 10: *Qui vos audit me audit*; Matth. 18: *Si Ecclesiam non audierit, sit tibi sicut ethnicus et publicanus.* Unde quaecumque diximus pro infallibilitate Ecclesiae in credendo, probant ejus infallibilitatem in docendo » (p. 108A).

[1]) « *Prob.* 1° iis omnibus quibus probavimus dissert. 3, a. 5, Ecclesiam universam, sive credentem sive docentem, non posse errare; est enim concilium generale ipsa universa Ecclesia repraesentative: unde de concilio sicut de Ecclesia intelligendae sunt » (p. 234A).

[2]) Sur G. Pichler, voir l'art. de E. JOMBART, dans *Dict. Théol. Cathol.*, t. XII, c. 1609-1610.

[3]) Voir *Wirceburgenses*, par H. RONDET, dans *Dict. Théol. Cathol.*, t. XV, c. 3556-3561.

*LA THEOLOGIA POLEMICA DE G. PICHLER*

Avant d'étudier les notes de l'Eglise, G. Pichler en analyse les propriétés caractéristiques : la perpétuité, la visibilité, l'infaillibilité. Son but, sans doute, n'est pas de nous donner une doctrine de l'infaillibilité de l'Eglise *in credendo*. Mais sa pensée l'inclut naturellement ; ce qui est préférable [1]).

On le constate, d'abord, dans sa façon de formuler la thèse qu'il va prouver. Par Eglise précise-t-il, nous entendons, soit l'ensemble universel des fidèles unis à leur chef, soit tous les évêques réunis avec le Souverain Pontife en concile général, en sorte que l'on doit considérer comme *de fide* tout ce que croit l'ensemble des fidèles, ou l'ensemble des pasteurs ; les fidèles doivent d'ailleurs suivre leurs pasteurs. Par Eglise, enfin, on peut aussi entendre le Pape définissant *ex cathedra* [2]). On retrouve les trois degrés que nous avons déjà rencontrés : Ecclesia universalis in credendo, Ecclesia docens, Summus Pontifex loquendo ex cathedra. Ce sens collectif de l'Eglise universelle, Pichler le souligne et l'explicite encore au cours de son exposé. Les luthériens, dit-il, prétendent que chaque fidèle est dirigé par l'Esprit et que le Christ a pour Epouse l'âme de chaque fidèle. C'est, réplique Pichler, passer induement du sens collectif au sens distributif [3]).

On le constate, en second lieu, par la méthode théologique mise en œuvre par G. Pichler lui-même dans la preuve de l'infaillibilité. Quels sont ses arguments ? Ce sont la Sainte Ecriture, le Symbole des Apôtres, le sens commun des fidèles et des Pères,

---

[1]) Nous citerons la *Theologia Polemica*, 2 vol., *Pars I*, Augsbourg et Wurtzbourg, 1747.

[2]) « Nomine totius Ecclesiae intelligi vel omnes omnino fideles cum suo Capite, vel omnes Episcopos cum Episcopo et Pontifice Summo in Concilio Generali congregatos, ita ut, quidquid tenent omnes fideles, vel omnes Pastores (quod enim docent omnes Episcopi, sentire quoque debent fideles caeteri, cum teneantur oves sequi suos Pastores) tanquam de fide, illud revera de fide sit. Imo nomine Ecclesiae intelligi etiam posse solum summum Pontificem ex Cathedra definientem » (p. 367-368).

[3]) *O. c.*, p. 371-372.

Luther lui-même, enfin la saine raison [1]). Ce sens commun des fidèles - probatur ex communi sensu et constanti persuasione fidelium [2]) - c'est, en somme, l'*Ecclesia in credendo*. G. Pichler énumère ceux qui le constituent : les Pères, les Papes, les Conciles, les nombreux martyrs, les Empereurs chrétiens, les saints innombrables, les dissidents eux-mêmes, qui sont forcés de le reconnaître. Sans doute, les « simples fidèles » sont oubliés ; mais oserait-on croire qu'ils en sont exclus, alors que les *sectarii* sont nommés ? [3]).

On trouve déjà sous la plume de théologiens de cette époque les expressions infaillibilité passive et infaillibilité active, mais ils ne s'en servent pas toujours à la manière des auteurs actuels. G. Pichler en fournit un exemple plein d'intérêt. Les luthériens, écrit-il, prétendent que « l'Eglise est la colonne et le fondement de la vérité, non *activement,* comme si elle-même soutenait la vérité, mais *passivement,* car elle est elle-même soutenue et étayée par la vérité, à savoir le Christ » [4]). Il leur répond : « L'Eglise est la colonne de la vérité, tant activement que passivement ; activement, en tant qu'elle fortifie et soutient les fidèles dans la vérité ; passivement, en tant qu'elle-même est fortifiée et soutenue dans la vérité par le Christ » [5]). L'infaillibilité est passive, en tant que reçue du Christ : le vocable « passif » s'applique donc à tous ceux qui sont gratifiés de l'infaillibilité et ne peut servir exclusivement à caractériser l'infaillibilité des fidèles *in credendo.* Tandis que l'infaillibilité est dite « active » - la chose est moins discernable ici - lorsqu'elle est présente dans un sujet susceptible de formuler un jugement, une définition : ce qui est pratiquement irréalisable de la

---

[1]) *O. c.*, p. 366.
[2]) *O. c.*, p. 374.
[3]) *O. c.*, p. 374-375.
[4]) « Ecclesia est columna et firmamentum veritatis non *active,* quasi ipsa fulciat veritatem, sed *passive,* quia fulcitur et sustentatur a veritate, quae Christus est » (p. 372-373).
[5]) « Ecclesia est columna veritatis tam active quam passive; active quatenus firmat et sustinet fideles in veritate; passive, quatenus ipsa firmatur et sustentatur a Christo in veritate » (p. 373).

part de l'universalité des fidèles. Cette façon d'appliquer les vocables « actif » et « passif » en matière d'infaillibilité mériterait de retenir l'attention.

## LA THEOLOGIA WIRCEBURGENSIS

Cette *Theologia dogmatico-scolastico-polemica praelectionibus academicis accommodata* parut, en 14 volumes, de 1766 à 1771, sous le nom des quatre théologiens jésuites qui en avaient déjà publié les différentes pièces [1]). Les *Principia theologica* ont été exposés par H. Kilber. Principes constitutifs, dit-il : Ecriture et traditions sacrées. Principes directeurs : l'Eglise, les Conciles, le Siège apostolique. Principes auxiliaires : les Pères, les théologiens et la jurisprudence, la raison humaine et l'histoire.

L'Eglise, c'est d'abord l'ensemble des chrétiens. Comment peuvent-ils être infaillibles ? Pas par eux-mêmes, mais par l'assistance du Saint-Esprit qui leur a été promis, collectivement, non distributivement [2]). Cette infaillibilité, elle est accordée aussi à l'ensemble des évêques - réunis en concile ou dispersés dans leurs diocèses - et même à un titre supérieur : ne représentent-ils pas l'Eglise ? [3]). Enfin, elle est accordée aussi au Souverain Pontife :

---

[1]) Nous citons d'après l'édition de 1852, le tome I.

[2]) « *Inst.* 1. Ecclesia est coetus hominum : sed homines sunt fallibiles, et totus etiam coetus in credendo ac definiendo est liber ; nec promissa illi est assistentia Spiritus sancti nisi conditionate, si nempe fidelis permanserit : ergo.
*R. N. min.* Quoad *prob.* 1. *D.* Homines singuli sunt fallibiles, *C.* collecti in coetum et sub capite, *Subd.* sunt fallibiles, si spectentur soli, ac sibi relicti, *C.* Si accipiantur cum assistentia Spiritus sancti, cujus promissionem habent, *N.* Hoc ipsum neutiquam fieri posse argumentum a sensu distributivo ad collectivum ; cum fidelibus collective sumptis, h. e. Ecclesiae tantum, non item singulis seorsim facta sit promissio » (p. 114).

[3]) « Quae de infallibilitate diximus quamvis secundum praesentis capitis institutum ad Ecclesiam complete spectatam pertineant, non minus tamen, quin et principalius, intelligenda sunt de Ecclesia formaliter et repraesentative accepta, seu pro Episcopis capiti suo supremo adhaerentibus : tum quia Episcopis impositum est munus Act. 20. v. 28. *regendi Ecclesiam Dei* ; 1. Pet. 5. v. 2. *pascendi gregem Dei* ; Matth. 28. v. 20. *baptizatos docendi omnia mandata Christi* ; 2. ad Tim. 1. v. 14. *custodiendi depositum fidei* ; ad Ephes. 4. v. 11. *ministrandi in consummationem sanctorum et aedificationem corporis Christi* : tum quia illud Matth. 18. v. 17. *Dic Ecclesiae,* communis interpretatio cum Chrysostomo,

l'Eglise exerce donc de trois manières son autorité infaillible [1]).

## § 3. L'enseignement de la Sorbonne

C'est à Honoré Tournély que nous pensons en écrivant ce titre. Né à Antibes en 1658, docteur en théologie en 1688, il enseigna en Sorbonne de 1692 à 1716, puis s'occupa surtout de publier ses *Praelectiones theologicae*. Il a participé activement aux débats de son époque en matière de jansénisme et de gallicanisme ; mais cela n'atteint d'aucune manière le problème qui nous intéresse ici, ainsi qu'on s'en rendra compte immédiatement. Tournély mourut en 1729. Ses œuvres connurent un très large succès et, in-extenso ou abrégées, eurent de nombreuses éditions [2]). Comme Tournély n'avait pas achevé la publication de tous ses travaux, le cardinal de Fleury demanda à Pierre Collet de la conduire à terme. Par sa *Continuatio praelectionum theologicarum Honorati Tournély* (1733-1760), ce théologien prolongea et étendit considérablement l'influence du maître de la Sorbonne. Pierre Collet lui-même n'en était pas. Né en 1693 à Ternay, dans l'actuel diocèse de Blois, formé dans la Congrégation de la Mission, il passa la plus grande partie de sa vie à Paris à préparer l'édition, soit de l'œuvre de

---

Theophyl. Euthym. et aliis, de Praesule Ecclesiae accipit; praeterea vero juxta Cypr. ep. 69. *Ecclesia est in Episcopo, et Episcopus in Ecclesia; ut, si qui cum Episcopo non sunt, in Ecclesia non sint*; juxta Hieron. in Dial. adv. Lucif. *Ecclesia non est, quae Sacerdotes non habet*; juxta Cyril. Alex. in ep. Synod. ad Nestorium *universorum Episcoporum consensus est Catholicae Ecclesiae fides*. Accedit tum quod Episcopis speciatim promissa sit infallibilitas, Matth. 28. v. 20. *Ecce ego vobiscum sum omnibus diebus usque ad consummationem seculi*; et Joan. 16. v. 13. *Cum venerit ille Spiritus veritatis, docebit vos omnem veritatem*: tum quod iisdem obedientia sit praestanda, ex Luc. 10. v. 16. *Qui vos audit, me audit*, et Matth. 23. v. 2. *Omnia quaecumque dixerint vobis, servate et facite* » (p. 116-117).

[1]) « Via et modus, quo Ecclesia suam in rebus fidei et morum auctoritatem infallibilem exercet, universim est triplex, decernendo nempe vel per summum Pontificem solum, vel per Episcopos in concilio oecumenico congregatos, vel per eosdem extra concilium tale suis sedibus affixos, seu dispersos, utrobique tamen summo Pontifici adunatos » (p. 117).

[2]) Sur Honoré Tournély, voir l'article de J. CARREYRE, dans le *Dict. Théol. Cathol.*, t. XV, c. 1242-1244.

Tournély, soit de ses propres travaux. Il mourut en 1770 [1]). Comme P. Collet, sur le point qui nous concerne, n'a fait que reprendre littéralement ce qu'a écrit H. Tournély, nous nous contenterons de citer ses *Institutiones theologicae* en note, pour qu'on puisse éventuellement s'y rapporter [2]).

Mais revenons à H. Tournély, à son *De Ecclesia*, et en particulier à l'article III : *De infallibitate seu inerrantia Ecclesiae in causis fidei et morum definiendis* [3]). Et peut-être Tournély nous donne-t-il, en commençant son exposé, la raison pour laquelle les théologiens catholiques ne s'étendent guère sur ce sujet. Pourquoi le feraient-ils, puisque les Réformés sont d'accord avec nous ! « Nous considérerons l'Eglise, soit en tant que répandue sur la terre entière, soit en tant que rassemblée en concile général. Que l'Eglise universelle jouisse d'une infaillibilité passive, écrit Tournély, en vertu de laquelle toute la communauté des fidèles ne peut adhérer à une erreur, les Réformés ne le nient point ; mais ils refusent d'accepter que l'ensemble des Pasteurs, comme tel, jouisse d'une infaillibilité active, en vertu de laquelle ils sont témoins et juges habilités à décider en matière de foi, avec certitude et sans crainte d'erreur » [4]). C'est là, certes, une affirmation doctrinale importante : l'Eglise universelle *in credendo* jouit de l'infaillibilité. Cette vérité est reçue par tous les chrétiens, dit-il, les réformés comme les catholiques. Il n'est donc pas nécessaire de s'y arrêter. Soit. Mais ici on touche du doigt le danger des exposés mi-dogmatiques mi-

---

[1]) Sur Pierre Collet, voir l'article de V. ERMONI, dans le *Dict. Théol. Cathol.*, t. III, c. 364-367.

[2]) Nous citerons ses *Institutiones theologicae, t. II,* de 1755.

[3]) Nous citerons le *Cursus theologicus scholastico-dogmaticus et moralis sive Praelectiones theologicae,* éd. Cologne, 1752.

[4]) « Ecclesiam hic consideramus, sive per totum orbem sparsam et diffusam, sive in Conciliis generalibus congregatam. Esse in Ecclesia ubique diffusa passivam infallibilitatem, qua fit, ut tota fidelium societas nusquam errorem admittere possit, non diffitentur nostri Novatores; at negant esse in Pastoribus simul et collective sumptis activam infallibilitatem testimonii ac judicii, qua certo ac secure absque ulla erroris formidine possint de fidei causis pronuntiare » (t. II, p. 68A). Pour P. COLLET, o. c., t. II, p. 533.

polémiques : les théologiens ne prennent plus la peine de développer les thèmes doctrinaux qui sont reconnus par tous, leurs
traités vont connaître nécessairement une hypertrophie des questions discutées, tandis que les autres, à force d'être supposées con-
nues, finiront par perdre quelque peu de leur consistance. C'est le
cas chez Tournély. La place qu'il réserve à l'autorité des évêques,
dans la suite de cet article, est considérable. Heureusement que,
per transennam, et sans le chercher, il est amené à dire encore
quelques mots de l'infaillibilité de l'ensemble des fidèles.

C'est, d'abord, dans le formulé même de la thèse ou *conclusio*
que Tournély va prouver : « Ecclesia, sive per orbem universum
diffusa, sive in Conciliis generalibus congregata, errare non potest
in causis fidei et morum definiendis » [1]. Certes, la preuve de la
*Prima Pars* de cette thèse est à peine esquissée : cinq citations
scripturaires, sans commentaire ni réflexions. Mais cette relative
indifférence à une démonstration constitue, en faveur de la thèse
même, une excellente démonstration.

C'est encore à la foi de l'Eglise comme telle que Tournély
rend un bel hommage, lorsqu'il s'explique sur la nécessité de
trouver en elle une règle de foi vivante et absolument sûre. Où
la trouver en effet ? Pas dans la seule Ecriture ; ni dans chaque
individu mu par l'Esprit ; ni même, pour tous les cas, dans les
conciles généraux, qui ne sont pas de nécessité absolue. Que
reste-t-il ? Mais l'Eglise universelle s'exprimant par la voix de
l'épiscopat : « Superest igitur, ut sit Ecclesia per orbem diffusa,
quae suum in Episcopis tribunal semper praesens ac subsistens
habet » [2]. Et même, poursuit-il, le Concile général, n'est-il pas
comme l'image, le résumé, la représentation de l'Eglise, dans sa
condition vraie, réelle, universelle ? [3].

---

[1] *O. c.*, t. II, p. 68A. Pour P. COLLET, *o. c.*, t. II, p. 533.
[2] *O. c.*, t. II, p 69A.
[3] « Ecclesia in conciliis generalibus coacta, non alia de causa errare non
potest in suis de fide ac moribus decretis, quam quod concilium Oecumenicum
Ecclesiam universam repraesentat, *quae repraesentatio totius nominis Christiani,*

ait Tertullianus antea laudatus, magna veneratione celebratur. An vero imago,
seu repraesentatio, et quoddam veluti compendium totius Ecclesiae privilegio
inerrantiae gaudebit, et eo privabitur ipsamet vera, realis et universalis Ecclesia,
qualis ea est, quae per orbem universum sparsa diffunditur. An, quaeso, Concilium œcumenicum a loco, ubi congregatur, authoritatem habet infallibilem ?
Non puto tam absurdum quemquam fore, qui asserat. Ergo non aliunde illam
obtinet, quam quod universam repraesentat Ecclesiam, adversus quam portae
inferi nunquam praevalebunt. Igitur par et aequalis est, suprema et infallibilis,
Ecclesiae sive repraesentantis, sive repraesentatae, authoritas » (o. c., t. II, p. 69B).
De ce raisonnement, un peu unilatéral à certains égards, nous ne retenons que
ce qui concerne l'Eglise universelle *in credendo*.

# CHAPITRE TROISIÈME

## LA THÉOLOGIE DE L'INFAILLIBILITÉ AU XIX<sup>e</sup> SIÈCLE

Nous interrogerons quelques théologiens du XIX<sup>e</sup> siècle et quelques témoignages du concile du Vatican I : il ne nous en faut pas plus pour constater que la doctrine de l'infaillibilité de l'Eglise *in credendo* est présente dans la théologie de cette époque. Cela ne signifie pas qu'elle y occupe la place ni qu'elle possède le relief qui lui reviennent ; mais c'est là une autre question, qui sera touchée dans les conclusions générales.

### § 1. Le témoignage de quelques théologiens

A vrai dire, bien des théologiens ne traitent pas de l'infaillibilité de l'Eglise *in credendo*. La raison en est, fréquemment, l'ordonnance même du *de Ecclesia* : si l'on entend seulement parler de ceux qui possèdent une autorité magistérielle infaillible, il est évident que l'*Ecclesia docens* seule entre en ligne de compte. Mais ceux qui parlent, même en passant, de l'*Ecclesia credens* le font d'une manière telle que l'on peut en conclure légitimement avoir affaire à une doctrine reçue et ne faisant aucune difficulté.

*DEUX SÉCULIERS*

Les *Institutiones theologicae* de Mgr J.-B. Bouvier, évêque du Mans (1783-1854), furent largement répandues en France au milieu du XIX<sup>e</sup> siècle [1]). Et voici comment il s'exprime. Il faut distinguer dans l'Eglise, un « corps qui enseigne » et un « corps qui écoute », à savoir les fidèles soumis à leurs pasteurs. Les protestants, géné-

---

[1]) Cfr l'article de F. DESHAYES, dans *Dict. Théol. Cathol.*, t. II, c. 1117-1119.

ralement, admettent que l'Eglise universelle jouit d'une infaillibilité
« passive », en ce sens qu'il est impossible, à leurs yeux, qu'une
erreur parvienne à prévaloir dans l'Eglise ; « mais ils nient obstiné-
ment que le *corpus docens* de l'Eglise jouisse de l'infaillibilité. Les
catholiques, au contraire, poursuit Bouvier, croient fermement l'un
et l'autre, à savoir, que l'Eglise universelle est infaillible *in credendo*, et que le corps des pasteurs est semblablement infaillible
*in docendo* » [1]. Et le premier argument qu'il donne en faveur de
l'infaillibilité des pasteurs, c'est l'infaillibilité même de l'Eglise universelle *in credendo*. On connaît le raisonnement, pour l'avoir
entendu déjà au XVI° siècle : Tous, même les réformés, recon-
naissent que l'Eglise est infaillible *in credendo*. Or, admettre cela,
c'est admettre ipso facto l'infaillibilité des pasteurs *in docendo*,
puisque les fidèles sont tenus d'écouter leurs pasteurs. Donc,... La
conclusion est obvie [2]. Mais, pour nous, l'argumentation même est
significative.

Et peut-on négliger M. J. Scheeben ? Si les pages qu'il a écrites
sur l'infaillibilité de l'Eglise ne peuvent être considérées comme
achevées, ni même parfaitement cohérentes, on peut néanmoins
en dégager quelques réflexions passablement significatives de son
orientation théologique. « L'infaillibilité n'est pas tellement propre
au corps enseignant qu'elle ne paraisse plus dans le corps des

---

[1] « *Sequitur ex dictis*, distinguendum esse in Ecclesia corpus docens et corpus
audiens, id est, fideles qui pastoribus subjici tenentur.

Fatentur protestantes Ecclesiam subsistere non posse nisi sint in ea pastores
et ministri qui verbis et sacramentis populum Dei pascant; imo plerique nunc
admittunt Ecclesiam universam quadam infallibilitate passiva donari, dicunt enim
fieri non posse ut error adversus fidem essentialem praevaleat, idque concludunt
ex verbis Christi, *ecce ego vobiscum sum*, etc. At, impudenter sibi contradicentes,
pertinaciter negant infallibile esse corpus docens in Ecclesia: catholici, e contra,
utrumque firmiter credunt, scilicet, Ecclesiam universam infallibilem esse in credendo, et corpus pastorum similiter infallibile esse in docendo » (*Institutiones
theologicae*, t. I, 1834, p. 238-239).

[2] « Et vero, Ecclesia est infallibilis in credendo, id est, habet infallibilitatem
passivam, juxta adversarios: at infallibilis esse non potest in credendo quin corpus
pastorum sit infallibile in docendo; fideles enim tenentur audire pastores, ex
propositione quinta: si ergo pastores errarent in docendo, fideles inducerent in
errorem. Ergo » (o. c., p. 239).

fidèles que comme un bien emprunté, dérivé, indirect ; on peut même dire, en un certain sens, qu'elle appartient au corps des fidèles aussi directement, plus directement même qu'au corps enseignant » [1]. L'explication ultime est obvie : « C'est lui, le Saint-Esprit, qui affranchit de l'erreur le corps des fidèles, en agissant *directement* en eux » [2].

*DEUX JÉSUITES*

Et puis, interrogeons J.-B. Franzelin (1816-1886), qui fut professeur à l'université grégorienne pendant un quart de siècle (1850-1876) et dont l'intervention fut grande dans la préparation du concile du Vatican I [3]. Son *Tractatus de divina Traditione et Scriptura* est bien connu et eut plusieurs éditions. Or, qu'y peut-on lire ? « L'indéfectibilité dans la vérité de foi qui est une dans la catholicité, c'est-à-dire l'infaillibilité in credendo, a été divinement promise et conférée à l'Eglise universelle, qui est 'la maison de Dieu et le fondement de la vérité' (I Tim. 3, 15), 'édifiée sur le roc, et les portes de l'enfer ne prévaudront point contre elle' (Matt. 16, 18). Par conséquent, tout ce que l'Eglise universelle reçoit dans la foi, est vrai infailliblement, en vertu de la promesse et de l'institution du Christ. Le sujet de cette infaillibilité *in credendo*, qu'on a coutume d'appeler passive, c'est l'Eglise universelle elle-même » [4].

[1] J. M. SCHEEBEN, *Dogmatique* (trad. Bélet), t. I, p. 147.
[2] *Ibidem.*
[3] Voir l'article de P. BERNARD, dans *Dict. Théol. Cathol.*, t. VI, c. 765-767.
[4] « *Principium I*um. Indefectibilitas in veritate fidei quae est *una in catholicitate*, seu *infallibilitas in credendo* divinitus promissa et collata est *Ecclesiae universali*, quae est 'domus Dei, columna et firmamentum veritatis' 1 Tim. III, 15; 'aedificata supra petram, et portae inferi non praevalebunt adversus eam' Matth. XVI, 18. Quidquid ergo universalis Ecclesia fide credit, id ex promissione et institutione Christi constat infallibiliter verum esse. Huius igitur *infallibilitatis in credendo*, quae *passiva* dici solet, *subiectum est ipsamet Ecclesia universalis.*
Ecclesia in indefectibili veritate unius fidei a Spiritu Sancto conservatur *per ministerium et magisterium, per Pastores et Doctores*, quos Christus dedit in aedificationem corporis Christi (Eph. IV, 11, 12), ad docendam Ecclesiam Dei cum auctoritate, cui debeat respondere tamquam effectus ex parte omnium fidelium consensus et 'obedientia fidei' (cf. th. IV, n. 2º). Propterea huic magisterio a se

Puis Franzelin indique parallèlement ce qu'est l'infaillibilité de l'Eglise *in docendo*, qui a pour sujets ceux qui ont reçu la mission et la tâche d'enseigner authentiquement l'Eglise universelle.

L'infaillibilité de l'Eglise *in credendo* est appelée passive, dit Franzelin, mais pourquoi ? Parce qu'elle est le résultat de « l'obéissance de la foi », tandis que l'infaillibilité *in docendo* est dite active parce qu'elle est accordée au magistère afin que celui-ci, par son activité ministérielle, protège, propose, explique, sauvegarde la révélation, et conserve les fidèles dans l'unité de la foi [1]. Cette infaillibilité *in docendo* a pour raison d'être l'infaillibilité *in credendo*, explique Franzelin, l'*obedientia fidei*. Il souligne ainsi que la foi des fidèles a Dieu pour objet formel, mais qu'elle leur est communiquée par le magistère [2].

Bref, « l'Esprit de vérité est présent à tout le corps des fidèles ; il ne laisse pas les Eglises comprendre autrement ni croire autre chose que ce que lui-même a prêché par les Apôtres. Mais cela se réalise selon les plans d'une aimable providence par le ministère visible des pasteurs et des docteurs... Par le ministère de ceux-ci, comme une grâce externe, en connexion avec un élément de loin plus important, l'onction et la grâce intérieure, l'Esprit de vérité est le principe qui constitue et qui conserve infaillible la « conscience de foi » du peuple uni à ses pasteurs » [3].

---

instituto Christus promisit et contulit *infallibilitatem in docendo* omnia, quae ipse Christus Spiritusque Sanctus docuerat.

*Subiectum ergo huius infallibilitatis in docendo* sunt illi omnes et soli, quibus ius est et officium divinitus commissum authentice docendi universam Ecclesiam » (o. c., ed. Rome-Turin, 1870, p. 104-105).

[1] « Quia magisterium charismate hoc infallibilitatis instructum actione sua ministeriali custodit, proponit, explicat, tuetur doctrinam revelatam, et fideles omnes in fidei unitate conservat; ideo *infallibilitas in docendo* dici solet *activa*, finemque habet indefectibilitatem in credendo, quae per 'obedientiam fidei' est totius corporis Ecclesiae *infallibilitas passiva* » (o. c., éd. 1870, p. 105, n. 1).

[2] Franzelin s'en explique clairement dans o. c., p. 25-26.

[3] « Spiritus itaque veritatis adest toti fidelium coetui « non sinens Ecclesias aliter intelligere, aliter credere quam Ipse per Apostolos praedicaverat » ; sed hoc exsequitur suavi providentia per visibile ministerium pastorum et doctorum. ... et per horum ministerium ut per gratiam externam, quacum nectitur tamquam

F.-X. Schouppe représente une autre formation théologique.
Ses *Elementa theologiae dogmaticae* connurent vingt-huit éditions [1]).
Et lui aussi, en toute sérénité, s'exprime sur l'infaillibilité *in credendo*. L'Eglise est infaillible, explique-t-il, soit en tant qu'enseignante, soit en tant que croyante. Il prouve l'infaillibilité *in docendo*
par Matth. 20, 28 ; Jean 14, 16, 26 ; 16, 13. Il prouve l'infaillibilité *in credendo* par un raisonnement : « L'Eglise doit durer jusqu'à la fin des temps : elle doit être indéfectible en matière de
foi ; sinon, elle ne serait pas l'Eglise, à savoir la vraie assemblée
des fidèles du Christ, celle qui a été instituée par le Seigneur » [2]).
On notera cependant que, d'après F.-X. Schouppe, l'infaillibilité
de l'Eglise *in credendo* devrait s'appeler plutôt *inerrantia*, inerrance
qu'il met en relation directe avec l'infaillibilité du magistère. Mais
le thème est proposé, thème dans lequel F.-X. Schouppe distingue
deux parties.

Il serait possible d'étendre ce florilège ; mais nous nous contenterons de quelques notes relatives au premier concile du Vatican.

---

elementum longe praecipuum unctio et gratia interna, idem Spiritus veritatis est
principium efformandi et conservandi infallibiliter « conscientiam fidei » in grege
adunato pastoribus » (o. c., p. 97).

Notons encore la même idée, mais exprimée d'un point de vue christolo-
gique : « Qui docet est ipse Christus; docet autem dupliciter, per unctionem
scilicet gratiae internae, et per verbum externum propositum ab iis qui legatione
pro Christo funguntur... » (o. c., p. 98).

[1]) F.-X. Schouppe, s. j. (1824-1904), enseigna la dogmatique à Louvain,
de 1856 à 1863.

[2]) « Dicitur *infallibilis* Ecclesia, nimirum prout est docens et prout est credens. Itaque infallibilitas statuitur, tum in docendo, quae proprie *infallibilitas*
est, tum in credendo, quae proprie *inerrantia* vocatur. Haec duo intime connexa
sunt; ita tamen, ut inerrantia ab infallibilitate magisterii pendeat.

Prob. I Pars. Ecclesia est *infallibilis in docendo*. Matth. Ult.: *Docete omnes
gentes... Ecce ego vobiscum sum* (docentibus) *usque ad consummationem saeculi.*
- Joan. XVI, 16, 26: *Ego rogabo Patrem, et alium paraclitum dabit vobis, ut
maneat vobiscum in aeternum... ille vos docebit omnia. Et XVI, 13: Ille docebit
vos omnem veritatem.*

II Pars. *Infallibilis in credendo.* Ecclesia est perpetuo duratura; ergo in fide
indefectibilis: secus enim non jam esset Ecclesia, seu vera *societas Christi fidelium,*
illa nempe quam Christus instituit » (o. c., t. I, *Tract. De Ecclesia*, cap. 1, art. 3,
prop. 3; ed. 23, Lyon-Paris, p. 178).

## § 2. Le premier concile du Vatican

Nous avons déjà publié une brève étude sur ce qui est advenu de la doctrine de l'infaillibilité de l'Eglise *in credendo* au cours des débats du premier concile du Vatican. Nous en extrayons quelques données majeures.

### LE PREMIER SCHÉMA DE ECCLESIA

Le premier schéma *de ecclesia Christi* fut distribué aux Pères le 21 janvier 1870, à la treizième congrégation générale [1]). Il comporte quinze chapitres suivis de vingt-et-un canons [2]). Le chapitre neuvième est intitulé *de ecclesiae infallibilitate*. Tous ceux qui ont lu le texte du premier schéma *de Ecclesia* et des *adnotationes* qui l'accompagnaient ont remarqué, à la fin de l'*adnotatio 16*, ce rappel d'un passage - déjà cité plus haut - des *Disputationes de controversiis fidei christianae* de S. Robert Bellarmin : « Et lorsque nous affirmons que l'Eglise ne peut se tromper, nous l'entendons tant de l'ensemble des fidèles que de l'ensemble des évêques, si bien que le sens de la proposition 'l'Eglise ne peut se tromper' est le suivant : ce que tous les fidèles tiennent comme étant *de fide*, est nécessairement vrai et de foi ; et de même, ce que tous les évêques enseignent comme appartenant à la foi, est nécessairement vrai et de foi » [3]). Cette note s'explique, entre autres, par le fait que le premier projet de schéma faisait allusion à l'infaillibilité de l'Eglise *in credendo*. Nous savons en effet que, le 12 mars 1868, la Députation spéciale convint du changement suivant à propos du sujet de l'infaillibilité : dire « concerne l'Eglise universelle » plutôt que « convient à l'Eglise universelle » [4]).

---

[1]) MANSI, *Amplissima collectio conciliorum*, t. 50, 418B.
[2]) MANSI, *o. c.*, t. 51, 539-553.
[3]) MANSI, *o. c.*, t. 51, 579C.
[4]) « Longius autem de infallibilitatis subiecto, obiecto, et extensione actum est. Quoad primum tamen unica immutatio adoptata; ea fuit ut diceretur 'ad universalem ecclesiam spectat' potiusquam 'universae ecclesiae competit' » (MANSI, t. 49, 630D).

Le changement auquel nous venons de faire allusion montre que la commission préparatoire théologico-dogmatique n'avait nullement l'intention d'orienter les Pères du concile vers des débats relatifs à l'infaillibilité des fidèles *in credendo*. On ne s'étonnera donc pas de n'y trouver que des allusions faites par tel ou tel Père jugeant utile de rappeler schématiquement l'état de la question sur l'infaillibilité dans son ensemble. D'où les petits sommaires occasionnels, et à tout prendre assez rares, que l'on peut relever, comme par exemple dans l'intervention du cardinal Riario, de Naples, parlant au nom d'une trentaine d'évêques italiens : « Plusieurs révérendissimes Pères, après avoir fait la distinction entre l'infaillibilité de l'Eglise *in docendo* et *in credendo*, font remarquer qu'il leur paraît nécessaire de parler aussi du magistère de l'Eglise soit dispersée, soit rassemblée en concile » [1]). Les observations relatives au *Caput addendum*, texte relatif à l'infaillibilité qui fut annexé au schéma *de ecclesia*, manifestent le même phénomène [2]).

## LE SCHÉMA REVU PAR KLEUTGEN

Le premier schéma *de ecclesia Christi* a été à l'origine de deux constitutions *de ecclesia* : la première, qui a trait aux prérogatives pontificales, est faite du chapitre XI et du chapitre additionnel sur l'infaillibilité ; la seconde, qui est une reprise des dix premiers chapitres. C'est à cette seconde constitution que nous nous arrêterons.

Un chapitre VII du schéma traite *De ecclesiastico magisterio*. Bien que ce titre annonce le « magisterium », le P. Kleutgen, rédacteur de cette *constitutio secunda*, rappelle l'infaillibilité de l'Eglise *in credendo* et *in docendo*. Et ce passage lui parut assez

---

[1]) « Plures alii patres reverendissimi, facta distinctione inter ecclesiae infallibilitatem in docendo et credendo, animadvertunt, videri necessarium esse ut etiam agatur de magisterio ecclesiae tum dispersae tum in concilium congregatae » (MANSI, 51, 823C).

[2]) Nous en avons signalé l'essentiel dans *L'infaillibilité de l'Eglise dans la constitution « Pastor aeternus »*, dans *L'infaillibilité de l'Eglise*, Chevetogne, 1963, p. 153-157.

important, puisqu'il en fit l'objet du canon 9, très significatif à
notre point de vue, et que nous reproduirons ci-dessous. Voici
d'abord un passage du chapitre VII : « Or donc, nous définissons
que ce don très élevé, par lequel 'l'Eglise du Dieu Vivant est la
colonne et le fondement de la vérité' (I Tim. 3, 15), consiste en
ceci, que ni l'ensemble des fidèles in credendo, ni ceux qui sont
investis du pouvoir d'enseigner toute l'Eglise lorsqu'ils s'acquittent
de cette charge, ne peuvent tomber dans l'erreur. Par conséquent
toutes les questions de foi et de mœurs qui, en tout lieu, sont
tenues ou transmises comme certaines, sous l'autorité des évêques
en communion avec le siège apostolique, ainsi que tout ce qui est
défini comme devant être tenu ou transmis par tous, soit par ces
mêmes, avec la confirmation du pontife romain, soit par le pontife
romain lui-même parlant ex cathedra, tout cela doit être considéré
comme infailliblement vrai » [1]).

Et voici le texte du canon 9 : « Si quelqu'un prétend que
l'Eglise du Christ, soit in credendo soit in docendo, peut faire défection de la vraie foi... qu'il soit anathème » [2]).

La constitutio secunda, dont nous venons de citer quelques
passages, n'a pas été communiquée aux Pères du concile. Elle
n'en constitue pas moins un indice important des idées susceptibles
d'être proposées par la Députation de la Foi à l'adhésion du concile. Kleutgen y avait annexé un rapport justificatif qui en éclaire
le propos et la portée.

---

[1]) « Iam vero praecelsum hoc donum, quo ecclesia Dei vivi columna et
firmamentum veritatis est (I Tim., 3, 15), in eo positum esse definimus, ut neque
fideles universi credendo, nec ii, qui potestate docendi totam ecclesiam praediti
sunt, cum hoc munere funguntur, in errorem labi possint. Quaecumque igitur
in rebus fidei et morum ubique locorum sub episcopis apostolicae sedi adhaerentibus tanquam indubitata tenentur vel tradentur, necnon quae sive ab iisdem
episcopis, accedente Romani pontificis confirmatione, sive ab ipso Romano pontifice ex cathedra loquente ab omnibus tenenda et tradenda definiuntur, ea pro
infallibiliter veris habenda sunt » (MANSI, 53, 313AB).

[2]) « Si quis dixerit, Christi ecclesiam sive credendo sive docendo a vera fide
deficere posse, aut certe in aliis nullis, quam in iis, quae per se ipsa in verbo Dei
continentur, ab errore immunem esse; anathema sit » (MANSI, 53, 316D).

Pour le chapitre VII, *De ecclesiastico magisterio*, le rapport du P. Kleutgen est clair et révélateur. En voici le début ; il peut se passer de tout commentaire. « Dans ce chapitre on distingue trois parties : 1° après avoir démontré l'infaillibilité de l'Eglise, comme plusieurs révérendissimes Pères l'ont demandé, nous l'avons définie et, dans cette définition également, est inséré ce que les Pères ont fait observer. Par conséquent, on distingue d'abord l'infaillibilité *in credendo* et *in docendo*, ensuite le magistère perpétuel et extraordinaire de l'Eglise enseignante ; on détermine aussi le double sujet, à savoir l'épiscopat uni au pontife Romain et le pontife Romain seul parlant *ex cathedra* ; quant à l'objet, il y est énoncé d'après la formule reçue 'dans les matières de foi et de mœurs' » [1].

La *constitutio secunda de ecclesia* témoigne donc aussi nettement que les autres travaux conciliaires de la foi commune des théologiens et des Pères en l'infaillibilité de l'Eglise *in credendo*.

---

[1] « In hoc quoque capite tres partes distinguuntur : I. Praemissa, quam plures reverendissimi patres requisiverunt, demonstratione, definitur infallibilitas ecclesiae, et in hac definitione similiter, quae patres monuerant, servata sunt. Itaque distinguitur primum infallibilitas in credendo et in docendo, deinde docentis ecclesiae magisterium perpetuum et extraordinarium ; determinatur etiam subiectum duplex episcopatus scilicet una cum Romano pontifice, et Romanus pontifex solus e cathedra loquens ; obiectum autem hoc loco recepta formula *in rebus fidei et morum* enuntiatur » (MANSI, 53, 324D-325A).

CHAPITRE QUATRIÈME

# L'INFAILLIBILITÉ « IN CREDENDO » DANS L'ECCLÉSIOLOGIE

Ces quelques notes montrent à suffisance que, du XVIᵉ au XIXᵉ siècle, la doctrine de l'infaillibilité de l'Eglise *in credendo* est demeurée présente dans l'ecclésiologie, et singulièrement dans les traités de maîtres incontestés. Est-ce à dire qu'aucun progrès ne devrait être envisagé ? Ce serait trop d'optimisme. Il serait sans doute possible d'apporter quelque amélioration à la théologie de l'*infallibilitas in credendo* elle-même, par exemple en montrant mieux qu'elle s'enracine dans la Vérité par excellence, Dieu. Il serait très opportun aussi, de la mieux situer organiquement par rapport aux autres formes d'infaillibilité et, en général, à l'intérieur du *de ecclesia*.

## § 1. L'infaillibilité de l'Eglise " in credendo "

Voici une esquisse de cette doctrine, compte tenu de certaines requêtes légitimes de la théologie contemporaine.

Dieu seul est la Vérité par excellence, il est « le Saint et le Vrai » (Apoc. III, 7). Seule sa Parole est, en un sens absolu, indéfectible. C'est parce qu'Il est, simplement, la Vérité que le Seigneur ne peut ni se tromper ni nous tromper. « L'infaillibilité absolue appartient à Dieu seul, Vérité première et essentielle, qui ne peut jamais d'aucune manière tromper ni être trompé » déclarait Mgr Gasser au Concile du Vatican I, dans une de ces nombreuses mises au point dont l'ecclésiologie postérieure, hélas, a trop peu profité [1].

[1] Voici le contexte de cette déclaration de Mgr Gasser, en réponse à une

Et Dieu nous a parlé ! « A maintes reprises, et de diverses manières, Dieu a jadis parlé à nos Pères par l'intermédiaire des prophètes ; à la fin, il nous a parlé dans son Fils » (Héb. I, 1-2). Car Dieu « habite une lumière inaccessible ; et nul homme ne L'a vu ni ne peut Le voir » (I Tim. 6, 16). Mais si « personne n'a jamais vu Dieu, le Fils unique qui est dans le sein du Père, nous L'a révélé » (Jean I, 18). - Jésus nous a révélé le Père en sa personne. Il est, personnellement, la « voie, la vérité et la vie » (Jean XIV, 6). Il est la « parole devenue Chair, qui a planté sa tente parmi nous, et dont nous avons contemplé la gloire » (Jean I, 14). Il est, personnellement, « sagesse, justice, sainteté, rédemption » (I Cor. I, 30). - Jésus nous a révélé le Père par ses paroles : « paroles de vie » (Jean VI, 68), « paroles de salut » (Actes XIII, 26), « paroles de Dieu », bref, la « bonne nouvelle » de son évangile.

Bien mieux, cette vérité, le Seigneur nous l'a donnée : l'Esprit nous est donné, et ainsi, avec lui et en lui, la présence active de la Vérité divine elle-même, « ces choses que l'œil n'a point vues, que l'oreille n'a point entendues, ... Dieu nous les a révélées par son Esprit, car l'Esprit sonde tout, même les profondeurs de Dieu... Quant à nous, nous avons reçu, non l'esprit du monde, mais l'Esprit qui vient de Dieu et qui nous fait connaître les grâces que Dieu nous a faites » (I Cor. II, 9-12). Et cet « Esprit de vérité nous conduira vers la vérité tout entière » (Jean XVI, 13). Ainsi l'Eglise possède-t-elle la vérité, parce qu'elle possède l'Esprit de vérité (Jean XIV, 16-17).

Pour chaque fidèle, la Parole de Dieu est « une force divine pour opérer le salut » (Rom. I, 16). Mais qu'est-ce que croire ? L'aire recouverte par tout acte de foi est considérable. Elle va

observation: « Quaeritur in quo sensu infallibilitas Pontificis Romani sit *absoluta*. Respondeo et ingenue fateor: nullo in sensu infallibilitas pontificia est absoluta, nam infallibilitas absoluta competit soli Deo, primae et essentiali veritati, qui nullibi et nunquam fallere et falli potest. Omnis alia infallibilitas utpote // communicata ad certum finem habet suos limites et suas conditiones, sub quibus adesse censetur. Idem etiam valet et infallibilitate Romani Pontificis » (MANSI, 52, 1214 AB).

de l'avancée la plus externe inspirée par le geste humain du croyant jusqu'au cœur même de la vie du Verbe et de l'Esprit dans le sein du Père. L'acte de foi est profession de la doctrine chrétienne : « Tu es le Christ, le Fils du Dieu vivant » (Mat. XVI, 16). Croire, c'est se soumettre à la parole de Dieu (I Thess. II, 13). C'est recevoir le Christ : « A tous ceux qui l'ont reçu, il a donné de devenir enfants de Dieu » (Jean I, 12). C'est aussi le témoignage même de Dieu que nous portons en nous, tout comme « l'objet de la Loi était gravé dans leur cœur » (Rom. II, 12) ; ou mieux, c'est « l'Esprit lui-même qui atteste à notre esprit que nous sommes enfants de Dieu » (Rom. VIII, 16). Tel est l'ultime enracinement de l'acte de foi.

Mais ce témoignage est, à vrai dire, celui de la communauté chrétienne tout entière. L'Eglise est le Temple de l'Esprit. C'est dans l'Eglise de Dieu que demeure l'Esprit de Dieu. Et c'est à travers l'unanimité des Eglises locales que se manifeste le témoignage de l'Esprit du Seigneur. Ainsi, éclairé de l'extérieur par la « parole de Dieu écrite et transmise » (Denz. n. 1792), éclairé de l'intérieur par la lumière même de l'Esprit, envoyé par le Père pour « enseigner toute chose et remettre en mémoire tout ce qui a été dit » (Jean XIV, 26), le témoignage unanime de la communauté des « croyants » est posé dans le monde et face au monde comme un signe de Dieu.

Et il s'y épanouit dans une confiance radicale et sereine à la promesse faite par le Seigneur à son Eglise : « je serai avec vous jusqu'à la consommation des siècles » (Mat. XXVIII, 20). Cette promesse, les théologiens de l'époque moderne l'explicitent à souhait. Promesse tirée du fait de l'alliance entre Jahvé et son peuple. Le thème est illustré par Osée : « Je te fiancerai à moi par la fidélité, et tu connaîtras le Seigneur » (II, 22) ; mais cette fidélité n'implique-t-elle pas la garantie de la foi ? Promesse tirée du fait, maintes fois affirmé, que « le règne du Seigneur n'aura pas de fin » (Psaumes ; Luc I, 33) ; or, qu'est ce royaume, sans la foi ? L'Eglise du Dieu vivant est la colonne et le fondement de la vérité (I Tim. III,

15) ; ce passage est cité par tous les théologiens modernes comme garantie biblique de l'infaillibilité de l'Eglise. Le Christ a promis à toute son Eglise d'envoyer l'Esprit, qui les instruira sur toute vérité (Jean XIV, 26). Le Seigneur a promis que les portes de l'enfer ne prévaudront point (Mat. XVI, 18). Bref, la communauté des croyants peut s'appuyer sur le Christ, sur son alliance, sa volonté, ses promesses.

Le témoignage unanime de la communauté des croyants, ia profession de foi des Eglises locales dans l'unique tradition apostolique, ne se présentent pas toujours avec la même force spirituelle, avec la même fermeté. Dans la prédication des Douze eux-mêmes on peut discerner des zones diverses, d'après que l'engagement de l'apôtre, sûr de son autorité, et la proclamation « in Spiritu Sancto » sont plus ou moins intenses et décisifs. Ce témoignage peut ainsi connaître un moment tout à fait privilégié, à savoir, lorsque la communauté chrétienne unanime, engageant sa foi de la manière suprême, professe qu'une doctrine est révélée par Dieu et exige, de ce fait, un assentiment de foi absolu. A ce moment, ou bien l'on doit tenir pour peu la promesse d'assistance du Christ, ou bien - et telle est la doctrine catholique - on doit croire que l'aide de l'Esprit se manifestera au moins en ceci, que jamais une « erreur » ne sera crue unanimement comme « révélation », et même, que tout ce qui, dans ces conditions, est déclaré « révélé » et donc « vrai », est, de fait, « révélé », et donc nécessairement et absolument « vrai ».

Ce témoignage unanime de la communauté croyante, dans cet engagement suprême, les catholiques le croient « préservé d'erreur », « vrai » au sens le plus absolu, et notamment en ce sens qu'il ne « pourrait » être erroné. Voilà ce qui est *de fide* sur l'infaillibilité de l'Eglise *in credendo* [1]).

---

[1]) La théologie catholique parle aussi d'infaillibilité à propos des vérités qui ne font pas partie du dépôt de la révélation - *per se revelatae* - mais qui sont, avec les vérités révélées, en connexion si intime et si nécessaire, que les rejeter équivaudrait pratiquement à contredire la révélation elle-même, à rendre illusoire

\* \* \*

Cette infaillibilité est parfois appelée « passive ». Ce terme - beaucoup de théologiens l'ont remarqué depuis longtemps - est ambigu, peu heureux et d'ailleurs passablement impropre en ce domaine. En effet.

Si l'on se place du point de vue de l'acte de foi lui-même, qu'il soit considéré dans l'Eglise ou dans chaque croyant, on ne peut parler de « passivité ». L'Esprit de Dieu, qui demeure dans l'Eglise, y est divinement actif. Il parle en elle « en gémissements inénarrables » (Rom. VIII, 26). Il est, en elle, force de Dieu et lumière de salut. Même considéré au niveau de l'homme, l'acte de foi est acte de la personne croyante, acte libre et conscient : on est un peu gêné de devoir rappeler ainsi les caractéristiques élémentaires de l'acte humain, toujours valables dans l'acte du croyant et du mystique.

Si l'on considère l'assistance divine qui assure la préservation de l'erreur, l'on peut et l'on doit dire que l'infaillibilité de l'universalité des fidèles est « reçue », sans doute. Mais « recevoir » un don spirituel n'est pas de la passivité ; les théologiens de la vie mystique l'ont montré avec pertinence. Et d'ailleurs, cette assistance est également « reçue » par le magistère épiscopal ou pontifical lorsqu'il propose une vérité comme dogme de foi. Ayant sa source dans l'Esprit du Seigneur, l'infaillibilité est toujours « reçue ».

Mais abandonnons la considération des relations entre l'Eglise et le Seigneur, pour en venir aux rapports qui existent, à l'intérieur

---

sa déclaration authentique, à rendre vaine sa conservation fidèle. Le bien-fondé radical de cette conviction est obvie; mais sa formulation théologique n'est pas encore parvenue à maturité. Notons cependant, et ceci nous paraît capital dans les perspectives de cet ouvrage, la thèse dogmatique relative à ce domaine doctrinal. Par rapport à ces vérités non révélées mais nécessairement connexes à la révélation, il est théologiquement certain (d'aucuns disent proche de la foi; mais jamais dogme de foi) que l'Eglise est préservée d'erreur, et en ce sens infaillible. La note théologique « théologiquement certain » et non « dogme de foi » ne peut être perdue de vue si l'on veut juger équitablement de la doctrine catholique de l'infaillibilité de l'Eglise.

de l'Eglise, entre le peuple fidèle et ceux qui ont la charge de le conduire. Il est certain que le fidèle qui serait parfaitement « docile » ou « fidèle » à l'enseignement du magistère de l'Eglise serait garanti de toute erreur, puisque le magistère lui-même est assuré, dans ses définitions, de l'aide divine qui le rend infaillible. En d'autres termes, si le peuple chrétien est, dans sa foi, l'image et la reproduction adéquate de la foi proposée par le magistère de l'Eglise, il ne pourrait être dans l'erreur et il peut donc, de ce fait, être dit infaillible. Cette fois, il s'agit de « docilité » et de « fidélité » parfaites. Mais ce n'est pas de la « passivité » ! Les théologiens de la vie surnaturelle ont longuement expliqué tout ce qu'il y a d'actif, de personnel, de libre dans la « docilité » ou la « fidélité » d'ordre moral et spirituel ; il n'est donc pas nécessaire d'insister.

## § 2. L'infaillibilité de l'Eglise " in docendo "

L'Eglise du Seigneur est garantie de la vérité, et donc de l'infaillibilité : telle est la donnée première, primordiale, et, en un sens, unique de la révélation chrétienne. Car le magistère ecclésiastique, dont nous allons dire un mot maintenant, c'est encore l'Eglise ; il vit dans l'Eglise et pour l'Eglise.

Le peuple chrétien, Israël selon l'Esprit, est tout entier porteur du message et témoin de la Parole. Il est « un sacerdoce royal, une nation sainte, un peuple acquis à Dieu, en vue d'annoncer les puissances de celui qui nous a appelés des ténèbres à sa lumière merveilleuse » (I Pi. II, 9). Chaque membre de ce peuple, chacun à sa place et selon sa condition, est le « sel de la terre » et la « lumière du monde » (Mat. V, 13-14). « Chacun à sa place et selon sa condition », disions-nous. Car le Seigneur « des uns, a fait des apôtres ; d'autres, des prophètes ; d'autres, des évangélistes, des pasteurs, des docteurs : pour le perfectionnement des chrétiens, pour travailler au service de la construction du corps du Christ » (Eph. IV, 11-12). Bref, le peuple chrétien, même dans son témoignage, est structuré : il a des chefs, auxquels le service de la parole a été confié comme un ministère particulier et qui, en vue de ce service et de ce ministère, ont reçu l'autorité nécessaire.

« Toute puissance m'a été donnée au ciel et sur la terre. Aussi allez, faites de toutes les nations des disciples, baptisez-les au nom du Père, du Fils et de l'Esprit, apprenez-leur à garder tout ce que je vous ai commandé : et voici que je suis avec vous jusqu'à la consommation des siècles » (Mat. XXVIII, 16-20). Cet envoi aux nations, qui constitue comme un sommet dans l'œuvre du Christ, achève l'intention qui se dessinait déjà lors de l'élection des Douze (Marc III, 13-19 ; Luc VI, 12-16) et, mieux encore, lors de l'envoi des Douze en mission (Marc VI, 6-13 ; Luc IX, 1-6). Marc rapporte la même apparition du Christ avec des paroles fort semblables : « Allez dans le monde entier, prêchez l'Evangile à toute créature. Qui aura cru sera baptisé, sera sauvé... » (Marc XVI, 14-18). Le caractère solennel de ces déclarations, leur sens obvie pour l'institution de salut qu'est l'Eglise, le comportement même des Apôtres, montrent que le propos du Seigneur porte au-delà des personnes mortelles qui les entendent : elles témoignent que le Christ a institué un ministère doctrinal autorisé ayant la mission de prêcher les paroles de vie à la communauté des chrétiens, afin que, croyant, ils aient la vie éternelle. Tel est le ministère de la parole : « Comment croiront-ils si on ne prêche point ? » (Rom. X, 14). Tel est le propos fondamental de ceux qui annoncent la « bonne nouvelle » : « qu'ils aient la vie ».

Encore faut-il que ce soit bien la « bonne nouvelle » qui est annoncée, et non des théories fantaisistes (Eph. IV, 14), voire des erreurs. Ainsi s'explique une tâche, subsidiaire certes mais importante, du ministère doctrinal authentique. Le Christ a chargé le collège des Douze, et le collège épiscopal qui le prolonge dans l'Eglise, de prêcher *sa* doctrine, de témoigner de *son* enseignement, car seules *ses* paroles sont des paroles de vie. Et les Apôtres l'ont bien compris ainsi, tout comme les premières communautés chrétiennes. Un conflit doctrinal surgit-il à Corinthe ? On discute, puis on en réfère à Paul, lequel répond et fixe « la » vérité, celle qui sauve, pas celle des « radoteurs et des séducteurs ; il faut leur fermer la bouche, car ils bouleversent des familles entières en enseignant ce qui ne convient pas » (Tite I, 10). Bref, il y a dans l'Eglise un magistère doctrinal autorisé au service de la « bonne nouvelle ».

A ce magistère doctrinal autorisé le Seigneur a promis aide et assistance. Le « et voici que je suis avec vous jusqu'à la consommation des siècles » (Mat. XXVIII, 20) est adressé au collège apostolique et, en lui, au collège épiscopal. C'est au collège apostolique que le Christ adressa ces paroles : « j'ai encore bien des choses à vous dire, mais elles ne sont pas à votre portée maintenant. Quand le Paraclet, l'Esprit de vérité, sera venu, il vous conduira dans la vérité tout entière » (Jean XVI, 13). La seule épître aux Galates nous fait connaître ce que saint Paul pense de son autorité apostolique. La simple lecture des Actes des Apôtres témoigne, à chaque chapitre, de l'assurance des Douze et de la foi des jeunes communautés chrétiennes. Magistère autorisé par le Christ, magistère assisté par l'Esprit, telle nous apparaît l'autorité doctrinale dans l'Eglise.

Ce magistère a autorité dans l'Eglise ; mais il n'est pas hors de l'Eglise, ni extérieur à elle. Les pasteurs et chefs ecclésiastiques sont également, et d'abord, des membres du peuple de Dieu, des fidèles, des « croyants ». Les pasteurs du peuple chrétien sont jugés autorisés et interprètes authentiques, certes, mais par rapport à la seule et unique révélation confiée à toute l'Eglise, à l'unanimité des croyants. Leur enseignement puise à la source unique de la vérité : la « Bonne Nouvelle » transmise de génération en génération. En ce sens, on pourrait dire, en reprenant les termes de Mgr Zinelli, que les pasteurs, lorsqu'ils sont réunis en concile, « représentent » en quelque sorte l'Eglise - « episcopi congregati cum capite in concilio œcumenico, quo in casu totam Ecclesiam repraesentant [1] ) -

[1] ) MANSI, 52, 1109C.

et ainsi, en parfaite unanimité spirituelle, témoignent de la vérité qui est présente et reçue dans l'Eglise. Le jugement authentique qu'ils portent n'implique pas que la doctrine qu'ils définissent ou déclarent n'était pas déjà présente et acceptée de quelque façon dans l'Eglise. Au contraire : ils ne peuvent interpréter authentiquement que les vérités révélées - ou nécessairement connexes au révélé - et donc déjà possédées par et dans l'Eglise.

Par ailleurs, l'enseignement du magistère ne se donne pas toujours avec l'engagement suprême de son témoignage autorisé. C'est qu'en effet, tout d'abord, le ministère de la parole est exercé avant tout comme moyen de salut et œuvre de rédemption ; pour ce faire, les écrits inspirés et canoniques contiennent une nourriture de foi particulièrement abondante, assez claire pour être assimilable par tous sans trop de difficulté, et qui porte en elle-même une suprême autorité divine. Ensuite, l'enseignement donné directement par le magistère ecclésiastique comporte toute une gamme de vérités sur lesquelles l'engagement magistériel n'est pas nécessairement d'égale intensité. Car un enseignement ecclésiastique, même celui d'un catéchisme, est fait de vérités de nature différente : vérités révélées directement ; vérités révélées en vertu de l'analogie de la foi ; vérités révélées par implication logique ; vérités non révélées directement, mais en connexion nécessaire avec elles, de diverse façon ; certitudes théologiques communes ; hypothèses théologiques valables ; philosophie religieuse sous-tendant la révélation. Il n'est aucune synthèse chrétienne qui ne contienne pas quelque vérité de chaque catégorie. Or, il est certain que, à l'égard de chaque catégorie de vérité, le magistère ecclésiastique s'engage de manière différente et diverse.

Mais lorsque le collège épiscopal, en communion donc avec le successeur de Pierre, dans un accord unanime, engage son autorité magistérielle au suprême degré, en proclamant qu'une doctrine est révélée et que, de ce fait, elle doit être objet de foi, à ce moment privilégié, l'Esprit-Saint - telle est la doctrine catholique -

préserve ce jugement doctrinal de l'erreur ; ce jugement est « vrai », il ne peut être « erroné » ; et on l'appelle infaillible [1]).

Habituellement, le collège épiscopal se trouve « dispersé », c'est-à-dire que chaque évêque réside dans son propre diocèse. Parfois, et de manière plutôt extraordinaire, le collège épiscopal est « rassemblé » en concile général ou œcuménique. Cette situation différente du corps épiscopal rend certes plus ou moins facile la détermination certaine de ce qui est « affirmé » dans un engagement suprême et unanime : il est plus aisé de cerner la portée d'une constitution conciliaire que celle d'un enseignement majeur de tous les évêques dispersés dans leurs diocèses. Mais la réalité dogmatique est la même. A ce moment privilégié, l'Esprit Saint préserve d'erreur le jugement doctrinal de l'épiscopat, qu'il soit « dispersé » ou « réuni ». C'est à ce moment de l'exercice du ministère de la parole que se pose la question de l'infaillibilité du collège épiscopal, du « magistère ordinaire et universel » (Denz. 1792).

*  *  *

Le collège apostolique avait un chef, Pierre. Les documents inspirés nous rapportent non seulement les paroles que le Seigneur lui a adressées personnellement, mais aussi le comportement qu'il a eu, la place qu'il a occupée en fait dans la communauté chrétienne primitive. Si les « apôtres et les prophètes sont les fondations sur lesquelles s'élève » la Maison de Dieu (Eph. II, 20), Pierre est aussi la « pierre sur laquelle j'édifierai mon Eglise » (Mat. XVI, 16). Si le Seigneur a promis aux Douze le don de l'Esprit de vérité et « son assistance jusqu'à la consommation des siècles » (Mat. XXVIII, 28), il a aussi dit à Simon Pierre : « J'ai prié pour toi, afin que ta foi ne défaille point ; et, quand tu te seras ressaisi, affermis tes frères » (Luc XXII, 32). Le rôle propre confié à Pierre dépassait-il sa personne ? A considérer la solennité des paroles du

---

[1]) Ce que nous avons dit pp. 53-54, de l'objet de l'infaillibilité de l'Eglise en général vaut également de l'Eglise enseignante en particulier. Nous y reviendrons à propos de l'infaillibilité du magistère pontifical.

Christ et la nature même de l'Eglise comme institution de salut, il y a présomption en faveur d'une réponse affirmative : le principe de continuité est « en possession ». D'où la doctrine catholique : le successeur de Pierre - et seul l'évêque de Rome revendique ce lourd héritage - jouit d'une mission particulière et centrale dans le témoignage doctrinal, tout spécialement en ce qui concerne le discernement de la « véritable » doctrine du Christ par rapport aux « doctrines étrangères » (Héb. XIII, 9). Il est le centre de référence nécessaire et ultime pour la détermination de la foi apostolique, particulièrement là où le magistère du collège épiscopal se trouverait lui-même hésitant, voire divisé.

Le magistère pontifical se situe dans les mêmes perspectives que le magistère épiscopal [1]). Il est une mission confiée à Pierre et à son successeur comme tel [2]). Il est un ministère en faveur de la communauté chrétienne, un service en faveur du salut des croyants [3]). Il comporte nécessairement l'autorité nécessaire à s'ac-

[1]) Nous donnerons dans les notes suivantes quelques extraits du Rapport prononcé devant les Pères du Concile en juillet 1870, immédiatement avant le vote décisif sur l'infaillibilité papale, par Mgr Gasser, év. de Brixen, au nom de la Députation de la Foi. Il s'agit donc d'un document autorisé sur le sens et la portée qui ont été donnés à la doctrine définie concernant l'infaillibilité du magistère papal. Le texte latin complet de ce discours se trouve dans l'*Amplissima Collectio Conciliorum* ed. MANSI, t. 52, c. 1204-1232.

[2]) Voici les paroles de Mgr Gasser: « L'infaillibilité personnelle du Pape doit être définie plus exactement en elle-même, en ce que notamment elle ne concerne pas le Pontife Romain en tant que personne privée, ni même en tant qu'il est docteur privé; comme tel en effet, il est l'égal des autres docteurs privés, et un égal n'a pas autorité sur son égal, comme dit très bien Cajétan; et pourtant le Pontife Romain exerce une autorité sur l'Eglise universelle. Dès lors, nous ne parlons pas d'infaillibilité personnelle, bien que nous la revendiquions pour la personne du Pontife Romain, non point certes en tant qu'il est personne individuelle, mais en tant qu'il est la personne du Pontife Romain, c'est-à-dire personne publique, à savoir, le chef de l'Eglise dans sa relation à l'Eglise universelle » (MANSI, 52, 1212D-1213A).

[3]) Autre passage du Rapport de Mgr Gasser: « ... en raison du but de cette prérogative donnée par Dieu. Ce but, c'est la conservation de la vérité dans l'Eglise. Une définition se justifie donc avant tout lorsqu'apparaissent quelque part dans l'Eglise des scandales par rapport à la foi, des désaccords et des hérésies, que les chefs des églises pris individuellement, ou même réunis en concile provincial, ne parviennent pas à réprimer... » (MANSI, 52, 1213CD).

quitter d'une mission, à rendre service. Il a pour source la « Parole de Dieu écrite ou transmise » et y est lié, comme tout magistère chrétien [1]). Il s'exerce normalement et habituellement avec l'aide et la collaboration du magistère épiscopal [2]). Il vit aussi de la vie même du peuple chrétien, auquel il demeure uni comme la tête l'est au corps. Rien n'est plus contraire à la définition vaticane de 1870 elle-même que d'imaginer un magistère pontifical « séparé » de l'Eglise, « sans lien » organique avec elle, et même « distinct » d'elle dans son exercice normal et habituel [3]). Enfin, ce magistère

---

[1]) A ce propos, Mgr Gasser précise avec soin un aspect capital de la définition vaticane : « Il est vrai que le Pape dans ses définitions ex cathedra a les mêmes sources que l'Eglise, l'Ecriture et la Tradition. Il est vrai que l'accord unanime de la prédication actuelle de tout le magistère de l'Eglise unie avec son chef est la règle de foi également pour les définitions du Pontife. Mais, de là, on ne peut d'aucune manière conclure à la nécessité stricte et absolue de s'enquérir de cet accord auprès des chefs des églises ou des évêques ; car cet accord unanime peut être déduit très souvent des témoignages clairs et manifestes de la Sainte Ecriture, de l'accord de l'antiquité, c'est-à-dire des Saints Pères, de la pensée des docteurs ou d'autres moyens privés, qui tous peuvent suffire à une information complète » (Mansi, 52, 1216D-1217A).

[2]) Si la valeur d'une définition ne dépend pas, comme d'une condition nécessaire stricte et absolue, de l'accord de l'épiscopat, il va de soi que, habituellement, c'est en union explicite avec les organes de l'Eglise que s'exerce le magistère papal, même le plus solennel. « Cette coopération de l'Eglise, explique Mgr Gasser, nous ne l'excluons pas, certes, parce que l'infaillibilité du Pontife Romain lui est donnée, non par manière d'inspiration, ni de révélation, mais par manière d'assistance. C'est pourquoi le Pape, en vertu de sa charge, et d'après la gravité de la situation, est tenu d'user des moyens aptes à examiner la vérité comme il se doit et à l'énoncer exactement ; ces moyens, ce sont les conciles, et aussi les conseils des évêques, des cardinaux, des théologiens, etc... Ces moyens certes sont divers, eu égard à la diversité des situations, et il nous faut croire raisonnablement que dans la promesse d'assistance divine faite à Pierre et à ses successeurs par le Christ Seigneur, est contenue aussi celle des moyens nécessaires et capables d'obtenir le jugement infaillible du Pontife » (Mansi, 52, 1213D).

[3]) Certains Pères avaient objecté : « Les membres doivent être en union avec la tête, et la tête avec les membres ; dès lors, il est nécessaire que le Pape ne décide rien, lorsqu'il s'agit de dogmes de foi, sans le conseil et le concours de ses frères ». Mgr Gasser, dans sa réponse, ne nie point que telle soit la façon d'agir habituelle de la papauté ; la pointe de son assertion porte sur ceci : ce concours, dans les conditions appelées *loqui ex cathedra*, ne s'impose pas comme nécessaire de manière stricte et absolue, et donc mettant en cause la valeur même de la définition. Voici ce passage : « Avant de répondre à cette objection, il faut se rappeler que, dans la pensée de ceux qui la présentent, il s'agit de la nécessité

est, comme celui de l'Eglise, protégé par le Christ, aidé par l'assistance divine, sûr de la grâce de l'Esprit, parce qu'il n'est en somme qu'une des formes que revêt le magistère même de l'Eglise enseignante [1]).

L'assistance de l'Esprit est garantie au magistère pontifical, et même, peut-on dire, à la mesure de l'importance organique de celui-ci dans l'Eglise. Mais jamais, sauf dans le cas de la *locutio ex cathedra,* la doctrine catholique ne lui reconnaît cette préservation de l'erreur certaine et incontestable qui rend une assertion irréformable et qu'on appelle infaillibilité [2]). Le jugement magistériel du pape - tel est le dogme de 1870 - est préservé d'erreur et infaillible lorsqu'il est porté dans des conditions déterminées, lesquelles sont résumées dans la locution « loqui ex cathedra ». On entend par là que le Souverain Pontife, *a)* s'acquitte de sa charge de pasteur et docteur universel de tous les fidèles, *b)* exerce

stricte et absolue, du conseil et de l'aide des évêques pour n'importe quel jugement dogmatique infaillible du Pontife Romain, en sorte que [cette condition] devrait avoir sa place dans la définition même de notre constitution dogmatique. C'est en ce caractère strict et absolu de la nécessité que gît toute la différence qui existe entre nous, et non dans l'opportunité ou une certaine nécessité relative, qui est à laisser entièrement à l'estimation du Pontife Romain... » (MANSI, 52, 1215CD).

[1]) Ce qui suit a été déclaré à diverses reprises: « La définition indique l'origine ou la cause efficace de l'infaillibilité. Cette origine, cette cause efficace, c'est la protection du Christ et l'assistance de l'Esprit-Saint » (MANSI, 52, 1225D).

[2]) Très significatif sur la portée précise de l'infaillibilité est le passage suivant du Rapport de Mgr Gasser: « Et même, il ne faut pas dire que le Pontife Romain est infaillible simplement en vertu de la papauté, mais en tant qu'il est sous l'influence de l'assistance divine le dirigeant en ce sens certainement et sans doute. Car le Pontife Romain, en sa qualité de Pape, est toujours le juge suprême dans les questions de foi et de mœurs, le Père et le Docteur de tous les chrétiens. Mais il ne jouit de l'assistance divine qui lui a été promise, et grâce à laquelle il ne peut se tromper, que lorsqu'il exerce en réalité et en acte, dans les controverses de foi, la fonction de juge suprême et de docteur de l'Eglise universelle. D'où, la sentence: 'Le Pontife Romain est infaillible' certes ne doit pas être considérée comme fausse, puisque le Christ a promis l'infaillibilité à la personne de Pierre et à la personne de son successeur; mais elle est seulement incomplète, car le Pape est infaillible seulement lorsque, dans un jugement solennel, il définit pour l'Eglise universelle une question de foi ou de mœurs » (MANSI, 52, 1213AB).

au suprême degré l'autorité apostolique qui lui a été donnée en la personne de l'apôtre Pierre, c) s'adresse à l'Eglise universelle pour lui imposer une sentence doctrinale, d) que cette sentence porte sur une matière de foi et morale chrétiennes, e) que la sentence est imposée comme définitive et irrévocable. Ces conditions étant remplies, le dogme affirme que l'acte ou jugement dans lequel le pape s'engage ainsi est préservé d'erreur, qu'il ne pourrait être « erroné » et donc qu'il est « infaillible ». La sentence définie est donc « irrévocable » [1]).

Les notes qui précèdent, bien fragmentaires certes, indiquent une voie à suivre, et même un domaine à explorer dans la théologie posttridentine. Puissent-elles, en attendant la monographie qui est en préparation à l'Université de Louvain, contribuer quelque peu au dialogue « œcuménique » en cours : ce sera tout bénéfice pour les fidèles catholiques eux-mêmes.

---

[1]) Nous devons ajouter un mot concernant le magistère infaillible du Pape dans les vérités « nécessairement connexes à la révélation » (cfr p. 53). Il s'agit de l'objet auquel s'étend l'infaillibilité. La définition vaticane comporte que l'infaillibilité du Pape s'étend au même objet auquel s'étend l'infaillibilité de l'Eglise, et avec la même garantie. Cela signifie concrètement: C'est un dogme de foi que l'Eglise (et donc le Pape, dans les conditions du *loqui ex cathedra*) peut définir une vérité appartenant au dépôt de la révélation, *per se revelata*. D'autre part, il est théologiquement certain, mais non dogme de foi, que l'Eglise (et donc le Pape, parlant *ex cathedra*) peut définir des vérités nécessairement connexes à la révélation. Voici un des passages du Rapport de Mgr Gasser, où ce point est traité: « L'objet de ces définitions infaillibles est la doctrine de foi et de mœurs. Par rapport à cet objet ainsi généralement énoncé, l'infaillibilité du Pontife ne s'étend ni plus ni moins loin que l'infaillibilité de l'Eglise lorsqu'elle définit une doctrine de foi ou de mœurs. Dès lors, de même que - et personne n'y contredit - il est hérétique de nier l'infaillibilité de l'Eglise dans la définition des dogmes de foi, ainsi, en vertu de ce décret du Vatican, il n'est pas moins hérétique de nier l'infaillibilité du Souverain Pontife considéré comme tel dans les définitions des dogmes de foi. Cependant, dans les questions pour lesquelles il est théologiquement certain, mais non encore jusqu'à présent certain *de fide,* que l'Eglise est infaillible, l'infaillibilité du Pontife elle non plus n'est pas définie par ce décret du saint concile comme devant être tenue *de fide*. Et la certitude théologique avec laquelle ces autres objets, en dehors donc des dogmes de foi, sont contenus dans l'aire de l'infaillibilité dont jouit l'Eglise dans ses définitions, est celle-là même avec laquelle il faut tenir et il faudra tenir que s'étend, à propos de ces mêmes objets, l'infaillibilité dans les définitions faites par le Pontife Romain » (MANSI, 52, 1227BC).

# CONCLUSION

L'infaillibilité du peuple chrétien *in credendo* est un bien incontestable de la doctrine catholique. Pour différents motifs, l'ecclésiologie posttridentine ne lui a pas réservé un développement aussi considérable que nous le voudrions aujourd'hui. Contre la mise en vedette, par la Réforme, du sacerdoce des fidèles en opposition à la hiérarchie ministérielle, les théologiens catholiques ont mis l'accent sur les prérogatives du magistère. Par ailleurs, dans la systématisation théologique, l'ecclésiologie a été placée souvent en annexe au chapitre de la foi, l'Eglise étant considérée comme règle et interprète de cette foi ; on comprend aisément que, dans pareilles perspectives, le magistère intéressait au plus haut titre, et non l'assemblée des fidèles, laquelle témoigne indéfectiblement de la foi, mais sans vérifier les caractères de norme ou règle de foi. Mais les éléments essentiels à la doctrine de l'infaillibilité du peuple chrétien *in credendo* ont été transmis de génération en génération ; aux théologiens actuels de les exprimer avec plus d'ampleur dans une pensée plus directement nourrie aux sources bibliques et patristiques.

Dans ce déploiement doctrinal nouveau, les ecclésiologues tiendront opportunément compte des suggestions faites par M. Ch. Moeller au terme d'une semaine d'études œcuméniques consacrée à la question de l'infaillibilité de l'Eglise. Les voici, en substance : 1. Le terme « infaillibilité », plus technique et d'usage récent, doit être remis dans le contexte plus large du vocable biblique de *Vérité*. 2. Dieu seul est indéfectible en la vérité ; l'Eglise ne participe à cette promesse de vérité que dans la mesure où elle est Eglise de Dieu. 3. L'infaillibilité, - le concept est récent, la chose est aussi ancienne que l'Eglise, - signifie d'abord celle des fidèles *in credendo.* 4. L'infaillibilité signifie aussi le magistère ordinaire, cette fois *in docendo.* 5. L'infaillibilité est *aussi,* en un temps fort, lié à des circonstances exceptionnelles, celle des évêques, unis et soumis au Pape, assemblés en Concile œcuménique. 6. L'infailli- bilité appartient *aussi* aux décrets dogmatiques du successeur de Pierre, en des circonstances dont le Pape est le seul juge, mais qui, en fait, sont plus rares et plus « extraordinaires » encore que celles des Conciles... 9. La liturgie paraît être un lieu théologique privilégié. Elle est un carrefour où se manifestent *à la fois,* les divers aspects de l'infaillibilité [1]).

En suivant ces orientations, on n'aboutira pas à une sorte de syncrétisme catholico-protestant, mais à un catholicisme plus par- faitement fidèle à la pleine tradition chrétienne : Quod semper, ubique et ab omnibus !

---

[1]) *L'Infaillibilité de l'Eglise.* Journées œcuméniques de Chevetogne, 25-29 sep- tembre 1961. Ed. de Chevetogne (Belgique), 1962, p. 252).

# INDEX DES MATIÈRES

Introduction ... ... ... ... ... ... ... ... ... ... ... ...    5

Chapitre premier. Le siècle de la réforme

§ 1. *Melchior Cano et son « De Locis Theologicis »* ... ...    9

  L'économie de l'exposé ... ... ... ... ... ...   10
  L'explication des thèses ... ... ... ... ... ...   11

§ 2. *S. Robert Bellarmin et ses « Controverses »* ... ...   15

  L'inerrance de l'Eglise ... ... ... ... ... ...   16
  L'infaillibilité des conciles ... ... ... ... ... ...   17

§ 3. *Les « Commentaria theologica » de G. de Valencia*   18

  L'infaillibilité de l'Eglise ... ... ... ... ... ...   19
  Le *consensus fidelium* ... ... ... ... ... ...   21

§ 4. *F. Suarez et ses Disputationes* ... ... ... ... ...   23

  La *Defensio fidei catholicae* ... ... ... ... ...   23
  Les *Disputationes* ... ... ... ... ... ... ... ...   24

Chapitre II. Les classiques des XVII^e et XVIII^e siècles

§ 1. *Maîtres de l'école dominicaine* ... ... ... ... ...   28

  J.-B. Gonet et son *Clypeus theologiae* ... ... ...   29
  Ch.-R. Billuart et son *Cursus theologicus* ... ...   30

§ 2. *Deux jésuites allemands* ... ... ... ... ... ...   33

  La *Theologia polemica* de G. Pichler ... ... ...   34
  La *Theologia Wirceburgensis* ... ... ... ... ...   36

§ 3. *L'enseignement de la Sorbonne* ... ... ... ...   37

Chapitre III. La théologie de l'infaillibilité au XIX^e siècle

§ 1. *Le témoignage de quelques théologiens* ... ... ...   41

  Deux séculiers ... ... ... ... ... ... ... ...   41
  Deux jésuites ... ... ... ... ... ... ... ...   43

§ 2. *Le premier concile du Vatican* ... ... ... ... ...   46

  Le premier schéma *de ecclesia* ... ... ... ...   46
  Le schéma revu par Kleutgen ... ... ... ... ...   47

Chapitre IV. L'infaillibilité « in credendo » dans l'ecclésio-
    logie

§ 1. *L'infaillibilité de l'Eglise « in credendo »* ... ... ...   50

§ 2. *L'infaillibilité de l'Eglise « in docendo »* ... ... ...   55

Conclusion ... ... ... ... ... ... ... ... ... ... ... ...   65

## DU MÊME AUTEUR

Editions E. Warny, 2, rue Vésale, Louvain (Belgique) :

La « *Théologie œcuménique* ». *Notion - Formes - Démarches*, 80 p., 1960. Prix : F. B. 42.—

*Primauté pontificale et prérogatives épiscopales*. « *Potestas ordinaria* » *au Concile du Vatican*, 104 p., 1960. Prix : F. B. 50.—

*Theologica e Miscellaneis*, 440 p., 1960, relié (3.500 titres d'articles théologiques repris à environ 300 Volumes ou Recueils). Prix : F. B. 350.—

Editions E. Warny, 2, rue Vésale, Louvain (Belgique), et Desclée de Brouwer, 76$^{bis}$, rue des Saints-Pères, Paris :

*Histoire doctrinale du mouvement œcuménique*, 2$^e$ édition, 340 p., 1963. Prix : F. B. 135.—

Editions Lannoo, Tielt (Belgique) :

*Sainteté chrétienne. Précis de théologie ascétique*, 2$^e$ édition, 726 p., 1963, relié. Prix : F. B. 195.—

Louvain. — Imprimerie E. Warny, rue Vésale, 2.

Imprimé en Belgique